U0840301

海风吹来：中国近代海洋观念研究

侯昂妤　著

军事科学出版社

图书在版编目（CIP）数据

海风吹来：中国近代海洋观念研究/侯昂好著.
—北京：军事科学出版社，2014.11
ISBN 978-7-80237-728-8

Ⅰ.①海… Ⅱ.①侯… Ⅲ.①制海权-关系-国防建设-研究-中国-近代 Ⅳ.①E815②E25

中国版本图书馆 CIP 数据核字（2014）第 247345 号

书　　名：海风吹来：中国近代海洋观念研究

作　　者：侯昂好
责任编辑：常巧章
封面设计：倪春昊
出版发行：军事科学出版社（北京市海淀区青龙桥　100091）
标准书号：ISBN 978-7-80237-728-8
经 销 者：全国新华书店
印 刷 者：北京鑫海达印刷有限公司
开　　本：700 毫米×1000 毫米　1/16
印　　张：9.75
字　　数：128 千字
版　　次：2014 年 11 月北京第 1 版
印　　次：2014 年 11 月第 1 次印刷
印　　数：1~3000 册
定　　价：20.00 元
销售热线：（010）62882626　66768547（兼传）
网　　址：http：//www.jskxcbs.com
电子邮箱：jskxcbs@163.com

出版说明

二〇一四年四月，国家边海防研究中心成立。“中心”是国家边海防研究工作的协调管理机构，是边海防战略决策的咨询机关，是边海防理论创新的学术基地。为了加强边海防实践和理论问题研究，特推出“国家边海防研究中心学术著作”，出版“中心”研究员、特聘研究员的研究成果，也可收编经“中心”评审认可的其他专家的学术研究成果。

国家边海防研究中心

二〇一四年十一月

前言

万岁海洋！万岁波涛，
你们为圣火所环抱！
水啊万岁！火啊万岁！
万岁这稀世的际会！
万岁微拂的和风！
万岁不可思议的坑洞！
让这里一切受到庆祝，
你们就是四大元素！[①]

观念（idea）是什么？为什么选择观念作为研究近代海洋的视角？“观念”一词最早源于希腊的“观看”和“理解”，在西方15世纪就用该词表达事物和价值的理想类型（idea type），也指人对事物形态外观之认识；17世纪后涉及构思过程。[②]“观念的东西不外是移入人的头脑并在头脑中改造过的物质的东西而已。”[③]其实，只要驱除西方柏拉图主义（Platonism）和德国观念论（German Idealism）给它蒙上的神秘外衣，“观念”并不难定义。简单说来，观念是指人用某一个（或几个）关键词所表达的思想。人们通过它们来表达某种意义，进行思考、会话和写作文本，并与他人沟通，使其

① ［德］歌德：《浮士德》，绿原译，第287页，人民文学出版社2008年版。

② 参见威廉士（Raymond Williams）：《关键词：文化与社会的词汇》，刘建基译，第167页，台北巨流图书公司2003年版。

③ 《马克思恩格斯选集》第2卷，第93页，人民出版社2012年版。

社会化，形成公认的普遍意义，并建立复杂的言说和思想体系。一旦观念实现社会化，就可以和社会行动联系起来。[①] 因此，观念与思想相比，首先，因为观念是用固定的关键词表达的思想，它比思想更确定，可以更具明确的价值方向。其次，因为观念比思想具有更明确的价值（行动）方向，它和社会行动的关系往往比思想更直接。[②]“观念不会被视作不过是飘浮在空气之中，与社会实在脱离开来。”[③] 观念有更明确的价值方向，与社会行动有着更为直接的关系，因此，历史就沉淀在观念中。“观念史研究是走向精神解放之必要的一步。”[④] 审思近代中国海洋观念的意义也就在于此。

1486 年，狄亚士绕航好望角；1492 年，哥伦布到达美洲的巴哈马群岛；1493 年，教廷发布敕令将世界一分为二，东边是葡萄牙的势力范围，西边是西班牙的势力范围。正在此时，1492 年，明朝命令沿海人民不得与来华的番船交通；1493 年，明朝敕谕，今后百姓的商货下海即以“私通外国”治罪。地缘政治学家索尔·科恩指出：“地球的两个主要自然与人文地理环境是海洋与大陆。这些环境为不同特点的地缘政治结构的形成提供了舞台。在这两个环境中演绎生成的文明、文化以及政治制度，就其在经济、人文传统、精神和地缘政治面貌等方面而言，是完全不同的两类。”[⑤] 生存的环境、状态和方式渐渐凝聚升华为与环境相应的品格力量、精神气质和思维方式。大陆与海洋两种截然不同的环境下锻造的思维观念也

---

① 参见金观涛、刘青峰：《观念史研究——中国现代重要政治术语的形成》，第 3 页，法律出版社 2009 年版。

② 金观涛、刘青峰：《观念史研究——中国现代重要政治术语的形成》，第 3 页，法律出版社 2009 年版。

③ 玛丽娅·露西娅·帕拉蕾丝 - 伯克：《新史学：自白与对话》，彭刚译，第 216 页，北京大学出版社 2006 年版。

④ J. M. 凯恩斯的观点，转引自［英］以赛亚·伯林、［英］亨利·哈代：《浪漫主义时代的政治观念》，王岽兴、张蓉译，第 1 页，新星出版社 2011 年版。

⑤ ［美］索尔·科恩：《地缘政治学——国际关系的地理学》，严春松译，第 33 页，上海社会科学院出版社 2011 年版。

是迥然有异的。大陆安定、封闭的环境中，勤恳守成的品质是生存的根本，而在充满风险、流动不居的茫茫大海上，只有敢于冒险、不守成规才有生存的权利。长期信守的观念已经上升为信念甚至信仰，成为文化基因和民族性格。在海洋与大陆两种环境中衍生的文化基因、民族性格、制度理念和国家方向有着天壤之别。伯里克利告诉雅典人，“在你的面前，这世界可以分为两个领域——大陆与海洋，均可为人类所涉足，而你，就是这海洋的主宰”。雅典人是与海洋厮混在一起的，将其未来押在对海洋统治权的不断追索上。希腊历史学家为这种权力专门创造了一个名称——“制海权”。有史以来，在从黎巴嫩海岸向西直到直布罗陀这片封闭的海域内，各支舰队不断地发生冲突。直到近代，西方的大航海时代燃起的海洋热情达到了高峰：“由于我们航海家的勇敢，大洋被横渡了，新岛屿被发现了，印度的一些僻远隐蔽的地方揭露出来了。西方大洲，即所谓新世界，为我们祖先所不知的，现已大部明了了。”[①] 正如马汉（Alfred T. Mahan）在《海权对历史的影响》（The Influence of Sea Power upon History）一书中所写：“环境促使地中海比其他任何同等面积的水域在世界历史中扮演了更加重要的角色，无论从商业或是军事角度来看皆是如此。各个民族都试图控制它，这种竞争现在仍在进行。”[②] 由于自然和历史的厚爱，中国有了海洋和大陆两个舞台，但却几乎长期在大陆上演出跌宕起伏的历史剧，将力量与智慧都凝结于此，而将另一个舞台——海洋淡忘、荒废，直到近代在海上遭遇入侵的悲剧。中国在地理上是一个陆海兼备的国家，心理上却是一个农耕文明的大陆国家，临海却背向海，近海却不倚仗海，这种独特的地理与文化的分裂长久以来影响着中国的发展方向。“中国缘海外围没有足以由海上威胁中国的力量，如迦太基之

---

① ［英］贝尔纳：《历史上的科学》，伍况甫等译，第230页，科学出版社1981年版。

② ［英］约翰·R.黑尔：《海上霸主——雅典海军的壮丽史诗及民主的诞生》，史晓洁译，绪论，第2页，广西师范大学出版社2012年版。

于罗马，故近世以前中国的海是安全的外缘地带，对中国只有保护性，没有侵略性，因此海在中国是不折不扣的‘水沙漠’”[①]。“从周秦到隋唐，中国政治、经济、文化的核心地带在黄土高原，以农为本奠定了华夏民族的主体地位，创造出高度发达的盛世伟业，同时也养成依恋黄土地的社会心理和思维偏向。即使宋代以来因时局的变动和经济重心南移，国家向外用力的方向倾斜海洋，开辟出著名的‘海上丝绸之路’，发动过郑和七下西洋的远航，也被视为一时权宜之计，而非根本性的选择。”[②] 也就是说，在相当长的历史岁月中，国家的发展指向和社会心理在大陆而不是海洋。明末清初顾祖禹的《读史方舆纪要》被后世誉为“千古绝作”“海内奇书”，被张之洞作为兵书收录到《书目答问》中，梁启超称之为“最典型的军事地理学著作”。应当说，《读史方舆纪要》达到了中国古代军事地理学的最高峰。理所当然，顾祖禹在该书中的海洋观念也应当最具有历史代表性，也最能反映当时知识分子海洋认知的高度。“海道南自琼崖，北达辽碣，回环二万余里。鱼盐之饶，下被于民；輓输之利，上济于国；而挞伐之方，戍守之备，所系亦綦重矣……其要荒蕃服及岛屿诸夷，皆略而不书者，亦以见重内略外之意，且不欲启后世穷兵黩武之心也。”[③] 这段话足以表明古代的学者对海洋是有理性认知的，既认识到了海洋的交通运输价值，又看到了海洋带来的巨大利益。但最后一句体现了民族的文化心态：重内略外，不起穷兵黩武之心。这说明中国对海洋的地理实用价值是肯定的，而在文化价值和道德评判上又是否定的。重内略外，对岛屿诸夷都略而不书，就是面向大陆，背向海洋，因此，有意识地压抑海洋方面的知识和智能成为本能选择。整个《读史方舆纪要》对海洋、海

---

① 李东华：《中国海洋发展关键时地个案研究》，第 2 页，大安出版社 1990 年版。

② 杨国桢：《瀛海方程：中国海洋发展理论和历史文化》，自序，第 1 页，海洋出版社 2008 年版。

③ 顾祖禹：《读史方舆纪要》第 11 册，贺次君、施和金点校，第 5491 页，中华书局 2005 年版。

外语焉不详，采取一种附记或者概述的方式一带而过。代表中国古代最高军事地理水平的学者没有全球的概念，没有完整的海洋意识，甚至没有周边海洋认知，对学者来说是一种遗憾，对国家民族来说就是一种悲哀了。

到了近代，北部的边疆危机转为东部的海疆危机，维系中国几千年的大陆文化开始受到冲击，海洋观念应御侮求强而生，体现了中国思想观念由大陆向海洋、由农业向商业、由传统向现代、由守成向进取的转变。“文明的位置远非偶然的事情。如果它是一个挑战的话，那么它是一个反复的长时段的挑战……任何文明的基础是它与命运中创造的或不得不再创造的环境之间的生命攸关的无限重复的联系。”① 这是文化与地理的关系，也可看成中国近代海洋观念在地理位置与文化性格之间的选择、对创造与再创造的深刻阐释，中国海洋观念是在近代百年的短小时段中对几千年漫长文化沉淀作出的抉择。马汉认为影响国家“海权”产生的基本要素有六个：地理位置；一定的国土面积和一定的人口数量；海岸线的长度和港口的特点；从事与海洋或各种舰船有关的行业；民族特点；政府充分发挥作用。② 前三点属于客观条件，后三点则属于主观意志。中国海区地理位置的优势在于它是连接各方的交通枢纽。中国东南面向太平洋，南抵太平洋与印度洋结合部，既是东北亚与东南亚之间的主要海上通道，也是连接太平洋与印度洋的纽带，海区内有许多重要的国际海上通道及其咽喉要道，这是中国海上地理因素战略价值最大的一部分。而制约的因素则在于：单向面海，只濒临太平洋；岛链阻隔，沿岸地区水浅潮大；等等。与地中海的风平浪静不同的是，中国人一开始向海洋拓展的时候就面临汹涌澎湃的太平洋，世界第一洋无疑比地中海要难征服多了，因此中国在成长的幼年时期

① ［法］费尔南·布罗代尔：《论历史》，刘北成、周立红译，第230页，北京大学出版社2008年版。

② 参见［美］艾·塞·马汉《海权对历史的影响，1600～1783》，安常容、成忠勤译，第55页，解放军出版社1998年版。

就对海洋产生了恐惧感和挫折感。总体来说，中国海洋观念的突破就在于后三点也就是主观意志的推进和努力。“人所受到的他的社会联系之网的束缚与他受到的空间束缚一样大，因而在我看来，任何将人类事件归并到地理学方面的做法都至少要在两方面进行：既归并到空间也归并到社会秩序。”[①] 中国的历史说明，较为充足的客观条件如果没有相应的国家战略、文化心理和民族激情配合，那么茫茫大海就归于沉寂，失却活力，漫长的海岸线也就不再是梦想出发的地方，而是遭遇攻击的方向。中国海洋观念的滞后和缺失既要归并到空间也应归并到社会秩序。考察近代中国的海洋观念，可以通过海洋观念的昨天、今天和明天更加清晰中国的方向。

① ［法］费尔南·布罗代尔：《论历史》，刘北成、周立红译，第128页，北京大学出版社2008年版。

1 民族主义与海洋观念

民族主义与领土观念紧密相连，无法分离。对于近代中国来说，民族主义与海洋观念几乎同时在遭受西方入侵中萌发，这既是19世纪中国世界秩序与空间观念重构的体现，又是中国在日益激烈的世界竞争中民族主义的彰显。民族主义与海洋观念都是典型的西方近现代观念，在西方国家由中世纪走到近代化、由欧洲到全球的过程中起到了直接推手的作用，功不可没。民族主义与海洋观念在中国近代走过了一个从自发到自觉、从朦胧到清晰的历程，这是感受、学习、融合另一种文明的历程，由此中国也开始了由传统王朝向民族国家、农业向工业、大陆向海洋的艰难转向。从魏源到梁启超开启了将民族主义与海洋观念合一的思考。这种结合使得民族主义和海洋观念的视野更具有世界性和前瞻性。当然，这种新的观念对于后进式、大陆性、农耕文明的国家而言，要经历启蒙、启蒙再启蒙，传播、传播再传播的漫长路程，这个路程直到今天也没有走完。

胡安·诺格对于民族主义与领土的关系有着精辟的论述："各种民族主义在很大程度上都是一种领土意识形态形式（forma territorial de ideologia），或者直接叫领土意识形态（ideologia territorial）。我认为，民族主义维护的民族，不仅被'位置'在空间里，并在一定程度上受到地理位置的影响（这也是所有社会组织的共同特征），而且民族主义还与其他社会现象不同，它明确要求特定的领土，这块领土是民族认同的组成部分，是其强调所谓特殊性、例外性和历史性的根据……从这个意义上说，'民族领土'（territorio nacional）

观念，是一切民族主义的根基。”[①] “民族主义是一种深深扎根在领土、地方和空间中的社会和政治运动。民族主义运动除了进行领土操作外，还诠释和适应空间、地方和时间；由此，民族主义运动相互交替地创造着一种地理和历史。”[②] 从民族主义和领土的关系可以看到地理观念与民族主义相依相存的关系。由于“民族主义在很大程度上是一种地理战略”[③]，所以它天然和领土相连，难以分离。中国近代民族主义和海洋观念在面对海上入侵时几乎同时萌发，相生相长。

1.1 近代民族国家：19世纪末期中国海洋观念的空间重构

民族主义与地理观念具有不可分离的天然关系，“今天和过去一样，民族‘观念’的形成在很大程度上是进行地理打造的结果。拉科斯特说：‘不管愿不愿意，地理理由不仅在政治（或政治家的主张）中占有重要分量，而且在民众对祖国观念的表述中也占有重要分量……’”[④] 民族主义与地理观念的天然关系在近代中国还有特殊的历史背景和情感。民族主义是理性与情感的结合体，从本原上讲偏重情感，当然近代民族主义是因时代理性而区别于传统民族情感的，而中国近代民族主义与西方相比，因救亡图存之主旨而更偏重情感，主要体现在不重个人自由平等而强调国家利益。海洋观念首先是一种认知，一种知识和理性。但由于中国近代在海上遭遇入侵，因此海洋观念也在地理、经济、军事的理性认知中加入了强烈

① ［西班牙］胡安·诺格：《民族主义与领土》，徐鹤林、朱伦译，第22页，中央民族大学出版社2009年版。

② ［西班牙］胡安·诺格：《民族主义与领土》，徐鹤林、朱伦译，第16页，中央民族大学出版社2009年版。

③ ［西班牙］胡安·诺格：《民族主义与领土》，徐鹤林、朱伦译，第23页，中央民族大学出版社2009年版。

④ ［西班牙］胡安·诺格：《民族主义与领土》，徐鹤林、朱伦译，第89页，中央民族大学出版社2009年版。

的民族情感。由知之而忧之，由忧之而爱之，正因如此，它与民族主义产生了共鸣，甚至部分交融。

首先，我们看看中国古代的海洋观念。“人类群体为了获得自己的人格，为了建成一个利益和感情共同体，必须在一块领土上定居下来。移民、侵略和战争给每个群体确定了一块特定的领土。这块地方是他的第一笔物质财富，是他发展的基地，是他的历史的家园。领土或者地理位置，对人类群体的影响不可置疑。”① 按照地质板块构造学说，中华民族的发祥地位于欧亚板块东部和太平洋板块西部相交会的沿海陆地上。在数十万年的历史长河中，自然界几经沧海桑田，中华民族负陆面海的大地理环境始终没有改变。虽然从远古到清末，海洋行动断断续续进行着，在宋明时期还一度呈现了海洋贸易交流的繁荣，但是，在文化上中华民族却始终是面向大陆背向海洋。比如春秋战国时期在海上获得渔盐之利的齐国，却在文化心理上完全臣服于儒家农耕文化，其他诸侯国无论地理、经济状况如何，在政治文化上也几乎都是如此。从孔子的“道不行，乘桴浮于海”，到苏轼的“空余鲁叟乘桴意，粗识轩辕奏乐声”，都将海洋归于蛮荒与神秘。“这种超越土地限制、渡过大海的活动，是亚细亚洲各国所没有的，就算他们有更多壮丽的政治建筑，就算他们自己也是以海为界——像中国便是一个例子。在他们看来海只是陆地的中断，陆地的天限；他们和海不发生积极的关系。”② 海洋是自然赋予人类的最广阔、最便捷的“公路”，也是文明国家竞相活动的乐园。然而，以前的国人一向视海洋为畏途，望之而却步，“望洋兴叹”一句成语，足以道破国人对海洋的屈服。即便好大喜功如秦始皇、唐太宗、元世祖者，虽也曾想向海外发展，但一经阻难随即作罢。其他平庸懦弱的统治者，更不用说了，他们只要“四海臣

---

① ［西班牙］胡安·诺格：《民族主义与领土》，徐鹤林、朱伦译，第68页，中央民族大学出版社2009年版。

② ［德］黑格尔：《历史哲学》，王造时译，第93页，上海书店出版社2001年版。

服、普天同庆”，做一个四海之内的小皇帝便足够了。中国人说“天外有天”“山外有山”，但却不会说“海外有海”，只会说“四海之内”。对于中国人来说，海之外的想象力和向往感是缺失的。“大陆环境以极端气候和远离公海为特征。这样的环境经常因为山脉、沙漠、高原障碍的影响，或纯因距离太远等原因，而遭受与外部世界缺乏密切联系之苦。历史上，它们的经济较之海洋地区更加富有自给自足的性质，而它们的政治制度，因接触不到新影响、新观念，往往逐渐变成封闭和独裁。”① 海洋的利益、文化与强大的农耕文明并不协调，与农耕文化相辅相成的是内部的运河发展。“一个朝代若能有力量维持并保护这条运河，则其货物运输量会远远超过一切海道运输。这是由于中国社会欢迎在运河上用人力拖拽的船运，而不喜欢海上贸易的离心趋势。而且运河所经过的都是开垦地区，它的组织可以与农村行政相协调。海运却是一件独立的事，在某种意义上是一种竞争行为。”② 海洋在中华文明的发展历程中从属于陆地，海洋和山川大漠一样作为中华民族的保护屏障而不是通道，海防则是屏障文化的军事投射，是被动而有限的应对。中国长期以来主要是一个陆强国家（land power），而不是海强国家（sea power），对于海洋认知的差别深深影响了国家民族发展路径。长久以来，遵从陆地文明的中国与崇尚海洋文明的西方在晚清以战争的方式在海上开始了激烈碰撞。

近代民族主义在中国的萌发是反思灾难和屈辱的结果。正如斯塔夫里阿诺斯所说：“19 世纪后半叶中国所受的屈辱和灾难使传统的以自我为中心的中国进行了痛苦的自我反省、重新评价和重新组

① ［美］索尔·科恩：《地缘政治学——国际关系的地理学》，严春松译，第 35 页，上海社会科学院出版社 2011 年版。

② ［美］拉铁摩尔：《中国的亚洲内陆边疆》，唐晓峰译，第 28 页，江苏人民出版社 2005 年版。

织。"[①] 以"天朝上国"自居的中国，在历史上以其强大的政治、文化、经济的吸引力成为东亚的中心，在近代一再遭遇蕞尔小国的入侵而承受着几乎亡国灭种的危机，痛定思痛的反思浪潮一再掀起。"巨大的灾难或许并不必然产生真正的革命，但是却准确无误地预报革命，使人们感到有必要对宇宙进行思索，更确切地说，是重新思索。"[②] 中国自秦汉以后，奉行"修齐治平"，重家重天下，实在是一种文化主义，而缺乏民族主义。"文化主义强调的是中国文化的优越性，而非物质财富的进步，到了近代，中国人才意识到中国文化不能对付西方人的物质进步，于是，放弃文化主义而转向民族主义。"[③] 到了近代，中国为了反抗西方列强的侵逼，渐渐改举民族主义大旗。民族主义的兴盛，带来前所未有的时代激情，从此力倡以中华为整体，以民族国家为单元，与西方列强抗争，以御侮求存。西方列强航海而来，日本也恃海而强，海洋成为了时代的焦点，海洋成为了中华民族的痛点，海洋极大地触动了士大夫们的神经。在他们看来，爱海就得观海，爱国就得筹海，御侮就得防海。可以说，民族主义之兴起与近代中国人的海洋激情，是互为助力、相互渗透的。

法国大革命在19世纪初期通过战争把激进改革带到法国邻邦，使得许多欧洲君主被推翻，"民族"即成为欧洲景观里的要角。"一个民族之所以能形成历史，是因为它能'胜任'形成历史的任务。它生动地经历着一种内部的历史和一种外部的历史，这种内部的历史使它处于'胜任的状态'，而只有在这种'状态'中，它才具有创造力，而外部的历史则存在于这种创造中。所以，作为国家的各

---

① ［美］斯塔夫里阿诺斯：《全球通史：从史前史到21世纪》下册，吴象婴、梁赤民译，第469页，上海社会科学院出版社1999年版。

② ［法］费尔南·布罗代尔：《论历史》，刘北成、周立红译，第6页，北京大学出版社2008年版。

③ 郑永年：《中国模式经验与困局》，第18页，浙江出版社2010年版。

个民族，是全部人类事件发生的真正动力。”[①] 赫尔德创造出“民族主义”（nationalism）一词，把民族当作时间向前迈进的单位。他强调必须有一种民族认同。有了民族主义作为政治、社会改革的推动力以后，人们希望能用它来照亮现代民族的进步之路。

费孝通先生说：“中华民族作为一个自觉的民族实体，是近百年来中国和西方列强对抗中出现的，但作为一个自在的民族实体，则是在几千年的历史过程中形成的。”[②] 传统中国只有自在的民族实体，到了近代才有自觉的民族实体和民族主义。梁启超认为，中国人有深厚的文化主义，但无欧洲人那样的民族主义，中国人视中国为世界而非国家。他指出民族主义缺失的弊害：“是故吾国民之大患，在于不知国家为何物，因以国家与朝廷混为一谈，此实文明国民之脑中所梦想不到者也，国也者，积民而成。国家之主人为谁？即一国之民也。”[③] 美国学者詹姆斯·哈里森说：“在传统中国，人们强调的是基于共同的历史传统，共同的信仰之上的文化主义，它与基于现代民族国家概念之上的民族主义是两个根本不同的概念。中国人没有独立的国家认同感和忠诚感，不能把文化和民族区分开来。中国人把最高的忠诚感给予了文化而非国家 state，对中国人来说，没有任何理由去放弃或改变自己的文化来强化国家忠诚感。”[④] 任何重大的社会变动都会影响传统的观念和行为方式。民族主义与海洋观念在近代都是在救亡图存、御侮兴业的主旨下萌发和构建的，民族主义产生的责任意识和危机意识激发了对海洋的激情，而海洋意识的强化和升华又成为民族主义勃兴的助力。

---

① ［德］奥斯瓦尔德·斯宾格勒：《西方的没落》，江月译，第 299 页，湖南文艺出版社 2011 年版。

② 费孝通：《中华民族多元一体格局》，第 1 页，中央民族学院出版社 1989 年版。

③ 梁启超：《中国积弱溯源论》（1900），第 15～16 页，载《饮冰室文集之五》，第 2 册。

④ 郑永年：《中国模式经验与困局》，第 17 页，浙江出版社 2010 年版。

1.2　从魏源到梁启超：民族主义与海洋观念的自觉与合一

民族主义与海洋观念在中国近代走过了一个从自发到自觉的历程，这个历程是西方人眼中时间上处于下游，空间上处于边缘国家的反思觉醒过程，是一个从朦胧到清晰的历程，凝结了思想者的忧思和前瞻。其间，魏源和梁启超站在时代认知的最高峰，无论于当时还是后世都给予了智慧的力量。

魏源1840年所写的《海国图志》具备了新的看世界的视角，既是对传统天下观念的根本颠覆，也是对传统大陆观念的巨大冲击。但是，《海国图志》在出版后的前20年却归于沉寂，竟然没有在中国社会掀起一丝波澜，使得中国近代化的改革与海洋失之交臂。当时现代民族主义观念并没有传播、确立，传统天下观念依然根深蒂固，魏源和他的海洋观念在那个时代是孤独的。直到1860年以后，这种状况才得以改变。从1860年开始，介绍域外史地类的书籍大量出版，外国事务已成为中文读书界的关注对象。《万国公法》1864年出版后轰动一时，立即被译成各种文字并不断再版。① 1864年清廷总理衙门将《万国公法》刊印并下达各级政府，以便他们可根据国际法处理世界事务，这标志着传统天下观已发生重大变异。②《万国公法》被世界各国高度重视，反映出当时以西欧为中心的全球民族国家新秩序已经开始形成。而它被中国官方译为中文刊行，则象征着中国开始将全球化中的世界纳入儒学视野，并在与外国打交道时引入了突破传统天下观的指导行为的新准则。从1860年至1890年的外交文献中可以看到，儒臣在处理国际关系时，除了引用儒家经典作为根据外，《万国公法》也是经常被引用的文献。如，

---

① George G. Wilson, "Henry Wheaton and International Law" in Henry Wheaton, Elements of international Law (Buffalo, N. Y.: William S. Hein and Co., Inc., 1995)

② George G. Wilson, "Henry Wheaton and International Law" in Henry Wheaton, Elements of international Law (Buffalo, N. Y.: William S. Hein and Co., Inc., 1995)

1876年，李鸿章与日本驻华大使森有礼在谈到朝鲜问题时，双方都是用《万国公法》作为判断是非的标准。[①] 又如，1877年，闽浙总督何璟、福建巡抚丁日昌在一奏折中谈到日本阻止琉球国向中国进贡时，强调用《万国公法》来判断是非曲直。[②] 由于对世界和民族国家认知的开阔、清晰，对海洋的认知水平也随之提升。曾国藩、李鸿章、左宗棠等开始关注海洋并有了加强海上力量的计划和行动。洋务派的近代化改革如火如荼地展开，海军充当了军事改革的先行者。与此同时，魏源的《海国图志》也在中国引起了广泛重视。为什么魏源能够成为引领近代中国海洋观念的第一人？因为他崭新的超越于以往和时人的世界观念和民族国家观念带动了他的海洋观念。他说："诚知夫远客之中，有明礼行义，上通天象，下察地理，旁彻物情，贯串今古者，是瀛寰之奇士，域外之良友，尚可称之曰夷狄乎？圣人以天下为一家，四海皆兄弟。故怀柔远人，宾礼外国，是王者之大度；旁咨风俗，广览地球，是智士之旷识。"[③] 这样的世界观念早已突破了天朝上国的唯我独尊眼界，充满了世界平等的新意和理性。但是魏源的世界观念、民族国家意识和海洋观念终究显得自发性较强而自觉性较弱。

1895年，对于中国来说是一个特别痛苦的年份。踏浪而来的西方列强对中国来说是遥远陌生的，承认失败虽然痛苦但在强烈的军事技术落差中也勉强可以接受。但是，日本对于中国来说是那么熟悉的一衣带水的邻国，而且是长久以来充当中国谦卑学生的蕞尔小国，两国几乎同时面临西方挑战，同时改革。甲午一战让中国看到改革的结局是如此的不一样，这种挫败所带来的痛苦和震动是前所未有的。最直接的反应就是：反思1860～1895年30多年的改革，

---

① 参见李鸿章、森有礼：《照录李鸿章与森有礼问答节略》（光绪二年正月三十日，1876），引自《清季外交史料（光绪朝）》，卷五，第93页。

② 参见何璟等：《闽督何璟等奏琉球遣使入贡梗阻请旨办理折（附上谕）》（光绪三年五月十四日，1877），引自《清季外交史料（光绪朝）》，卷十，第194页。

③ 魏源：《海国图志》，卷七十六，下册，第1889页。

将两国的改革进行比较。发现纯粹的技术挽救不了国势，单一的军事改变不了国运，貌似强大的军舰不等于真正的无敌，是到了从技术走向制度、走向思想文化的时刻了。沸腾的知识界开始了反思和转向，戊戌变法是转向的直接的产物。此后，西方制度和思想文化的传播开始取代了1860~1895年的技术传播，新的思想和观念也因此奔涌了进来。新的“民族”“国家”意识与海洋意识同生共进，开始了更加清晰与自觉的阶段。“国家”一词的使用，在1895年以后突然增加了；“民族”一词的使用在1900年后开始出现井喷之势。[①] 章炳麟提出，只要存在着民族国家，我们就赞成民族主义。“海洋”和“海权”等词也在1900~1905年间突然激增（第四章《东方杂志》统计研究结果）。梁启超就是自觉将民族主义与海洋观念融为一体的最为典型的代表。1902年前后，梁启超的民族主义思想越来越具有融合中西、汇通古今的特点，不仅明确提出民族主义，而且理性地给民族主义赋予了现代含义和民族特点，这是对同时代思想界的一个超越，也是对西方思潮冲击的一个反思。1902年，梁启超明确提出了“中华民族”的概念。1903年，梁启超的海权思想喷薄而出。民族主义和海权两种观念同时集中在一个时代思潮领军人物身上，如果将这个现象看作是一种偶然未免过于轻率。观念可以影响行动与实践，观念也可以催生或者推动其他观念，更何况民族主义观念与领土观念是天然相连的。

1905年，梁启超在《新民丛报》发表了《祖国大航海家郑和传》，在另外一篇文章中他表达了该文的目的：“吾草此传已，吾于时代精神一感情之外，更有三种感情萦于吾脑，一曰海事思想与国民元气之关系也……二曰殖民事业与政府奖励之关系也……三曰政治能力与国际竞争之关系也。”[②] 这三点目的的第一点就明确将海洋

① 参见金观涛、刘青峰：《观念史研究——中国现代重要政治术语的形成》，第242页，法律出版社2009年版。

② 梁启超：《中国殖民八大伟人传》，《饮冰室专集之八》第5页，《饮冰室合集》专集第三册，中华书局1937年版。

观念与民族主义结合起来，后两点实质上也是第一点的延伸和实践。在文章开篇他写道："西纪一千五六百年之交，全欧沿岸诸民族，各以航海业相竞……自是新旧两陆、东西洋，交通大开，全球比邻，备哉灿烂……而我泰东大帝国，与彼并时而兴者，有一海上之巨人郑和在。"郑和下西洋之举被梁启超称为"国史之光"[①]。梁启超还撰写了张骞、班超、赵武灵王、梁道明、郑昭、叶来等中国历史上对外交往中具有开拓性贡献的人物。在近代西方列强纷至沓来的入侵浪潮中，他将现代民族主义和传统民族精神结合，以唤醒国民的民族激情，开拓国民的世界视野。他赞扬郑和下西洋的辉煌业绩是"有史以来，最光焰之时代""叹我大国民之气魄，询非他族所能几也""国民气象之伟大"。[②] 宣扬郑和下西洋的创举是梁启超民族主义思想与海洋观念的聚焦。美国学者约瑟夫·阿·勒文森认为该文体现了梁氏"自豪和勉励"的用意。[③] 梁启超"眼看祖国被列强瓜分，国弱民穷，乃以郑和航海事迹和造船业处于当时世界最先进地位为题材，着为专文，意图唤起民众的爱国热情"[④]。要唤醒的不仅是民族的爱国热情，还有对海洋的激情。梁启超在文章中肯定航海家亨利、哥伦布、达·伽马、麦哲伦航海的世界意义，指出他们的航海活动沟通了世界的联系，从此使"新旧两陆、东西两洋、交通大开，全球比邻"，"能使全世界划然开一新纪元"。西方的后继者们"有无量数"前赴后继，发展他们的事业；[⑤] 郑和"与

① 梁启超：《祖国大航海家郑和传》，《饮冰室专集之九》第1、12页，《饮冰室合集》专集第三册，中华书局1937年版。

② 梁启超：《祖国大航海家郑和传》，《饮冰室专集之九》第1、3、4页，《饮冰室合集》专集第三册，中华书局1937年版。

③ ［美］约瑟夫·阿·勒文森：《梁启超与中国近代思想》，刘伟等译，第166页，四川人民出版社1986年版。

④ 黄慧珍、薛金度：《郑和研究八十年》，载《郑和研究资料选编》，第4页，人民交通出版社1985年版。

⑤ 梁启超：《祖国大航海家郑和传》，《饮冰室专集之九》第1、11页，《饮冰室合集》专集第三册，中华书局1937年版。

彼并时而兴"，是"全世界历史上所号称航海伟人"，他的航海比哥伦布等人都要早数十年，但"郑君之烈，随郑君之没以俱逝"。"郑和以后，竟无第二之郑和，噫嘻，是岂郑君之罪也?"[①] 这既是对郑和航海意义的高度评价，更是对郑和之后航海行动断裂的追问。1900年3月，由日本乙未会主办、在上海出版发行的汉文月刊《亚东时报》开始连载《海上权力要素论》，此即为马汉《海权对历史的影响》一书第一章的译作，它集中反映"海权论"的基本观点。[②] 1903年梁启超在《新民丛报》上发表了《论太平洋海权及中国前途》，表明了他对马汉"海权论"的崇敬和钦佩。他在文章中称，太平洋海权问题是20世纪第一大问题，"所谓敌国主义者，语其实则商国主义也。商业势力之消长，实与海上权力之兴败为缘，故欲伸国力于世界，必以争海权为第一义"[③]。

梁启超是20世纪初对民族主义和海权主义及其关系认识最为深刻的中国人。他站在寻求民族救亡图存之策的高度，最先提出了"中华民族"的概念："民族主义者，世界最光明正大公平之主义也。不使他族侵我之自由，我亦毋侵他族之自由。其在于本国也，人之独立；其在于世界也，国之独立。使能率由此主义，各明其界限以及未来永劫，岂非天地间一大快事！"[④] 他还以这种民族主义理念为牵引，力倡中华海权。在这里，近代民族主义与海权思想有机结合，既显著丰富了民族主义的内涵，又极大提升了海权思想的境界，使中国人对这个问题的认知达到了一个全新的高度和境界。在梁启超看来，争海权是抵御西方列强的"商国主义"侵略，维护中华民族生存发展的重要途径。在《二十世纪太平洋歌》中，他写

---

① 梁启超：《祖国大航海家郑和传》，《饮冰室专集之九》第1、11页，《饮冰室合集》专集第三册，中华书局1937年版。

② Alfred Thayer Mahan："The Influence of Sea Power upon History，1660～1783"，Bonston Little Brown and Company，1918.

③ 梁启超：《论太平洋海权及中国前途》，载《新民丛报》1903－03－26。

④ 梁启超：《国家思想变迁异同论》，载《清议报》1901－10。

道："噫嘻吁！太平洋！太平洋！君之背兮修罗场……沧桑兮沧桑，转绿兮回黄，我有同胞兮四万五千万，岂其束手兮待僵。招国魂兮何方，大风泱泱兮大潮滂滂。吾闻海国民族思想高尚以活泼，吾欲我同胞兮破浪以扬。"在诗中，梁启超提出人类文明经历了三个时代：第一纪是"河流文明时代"，由中国、印度、埃及和小亚细亚这四个"古文明祖国"组成。第二纪为"内海文明时代"，由地中海、波罗的海、阿拉伯海和黄海、渤海等周边文明构成。第三纪为"大洋文明时代"，是随着哥伦布发现新大陆出现的。[①] 这一观点与地理学创始人麦金德的观念非常吻合："海洋上的机动性，是大陆心脏地带的马和骆驼的机动性的天然敌手。正是在入海河流航运的基础上，建立起河流阶段的文明，如扬子江畔的中国文明、恒河畔的印度文明、幼发拉底河畔的巴比伦文明、尼罗河畔的埃及文明。正是在地中海航运的基础上，建立起称作海洋阶段的文明，如希腊和罗马的文明。"[②] 梁启超在《祖国大航海家郑和传》中，还比较了中国传统海权思想与西方近代海权思想的差异，认为西方航海是因为"母国人满，欲求新地以自殖"，郑和"则雄主之野心，欲博怀柔远人、万国来同等虚誉，聊以自娱耳"，其不可能永久持续和不断扩大，"性质则然也"。指出利益和虚誉两种截然不同的动机带来的海权理念有着天壤之别。

无疑，梁启超登高鼓呼中华海权，是与他近代民族意识的觉醒直接联系在一起的。在他的思想体系中，中华民族应当合汉满蒙藏回于一体，而不再是狭隘的汉与非汉、孰高孰低；对外则应与列强并驾齐驱于大洋，既要以海为防，更要控海获利，制海是国防的需要，更是中华民族的重要权利。民族主义与海洋观念在梁启超身上的结合，表现在民族主义对内是五族共和，对外是本土主权与海洋

① 参见梁启超：《二十世纪太平洋歌》，摘自《染启超诗文选》，巴蜀书社 2011 年版。

② ［英］哈·麦金德：《历史的地理枢纽》，林尔蔚、陈江译，第 64 页，商务印书馆 2011 年版。

权益的统一。换句话说，海洋观念的进步是政治观念进步的产物。有了近代民族主义，才有了近代的海洋意识，也才使得中国近代的海洋观念和传统的海洋观念从根本上区分开来。这种观念无论与中国古人相比，还是与近代魏源、林则徐以及洋务官绅们相比，显然有了极大的跃升。

2 观念就是力量：观念与行动互助为长

“人类从野蛮走向文明的历史也是人类的观念发展史。观念源于社会，观念也可以型构或改造一个社会。”① “巨大的变革不是由观念单独引起的，但是没有观念就不会发生变革。要冲破习俗的冰霜或挣脱权威的锁链，必须激发人们的热情，但是热情本身是盲目的，它的天地是混乱的。要收到效果，人们必须一致行动，而要一致行动的话，必须有一个共同的理解和共同的目的。如果碰到一个重大的变革问题，他们必须不仅清楚地意识到他们自己当前的目的，还必须使其他人改变信念，必须沟通同情，把不信服的人争取过来。”②

弗耶利（Fouille）曾这样描述观念与社会行动的关系，他说：观念是“我们的感觉和冲动所呈现出的知觉形式；每个观念不仅涵盖一种智力行为，而且涵盖知觉和意志的某种特定的方向。因此，对于社会亦如对于个体一样，每个观念均为一种力量，这种力量愈加趋向于实现其自身的目的”③。每个观念均为一种力量，“在变化特别迅速和混乱严重的重要时刻，观念才尤其具有力量”④。中国近

① 闾小波：《近代中国民主观念之生成与流变——一项观念史的考察》，第 15 页，江苏人民出版社 2012 年版。

② ［英］霍布豪斯：《自由主义》，朱曾汶译，第 24 页，商务印书馆 1996 年版。

③ 转引自伯瑞（John B. Bury）：《进步的观念》，范祥焘译，第 1 页，上海三联书店 2005 年版。

④ ［英］以赛亚·伯林、［英］亨利·哈代：《浪漫主义时代的政治观念》，王崇兴、张蓉译，第 3 页，新星出版社 2011 年版。

代就是这一时刻，因此，新的观念显得尤为重要，但是否能真正具有力量还取决于传统的土壤、历史的机遇、民族的意志等等。中国近代海洋观念在大陆性防御文化、长久的闭关锁国和仓促的被动应对中，一开始就矮化为了海防，在无穷无尽的内战外战中，甚至连海防也难以为继，国防破碎，尤其是内战频仍让海洋观念与行动举步维艰。同时，海洋观念作为从西方移植而来的观念，被中国强有力的大陆性文化所覆盖，虽有表层的借鉴，但在深层次遭遇了抵制，在思想层的激进和决策层的迟滞中起起伏伏，难以推进。这样微弱的起伏不定的观念难以转化为强大的行动力量，更遑论扭转国家局势。

传统中国海洋观念的缺失，不仅禁锢了中国走向海洋的脚步，也遮蔽了看世界的眼睛。中国的近代思想先行者们对于这一点有了近乎哲学家般的阐释："以往我国并不是没有海洋问题，何以须说海洋问题是我们的新概念，说穿了问题很简单，就是以往我们对海洋上的一切，只能说有行动，而没有概念。因为近世的海洋和陆地相互接近了，一个国家没有海岸线，她的国势是不容易强盛起来的，有海岸线而没有海上力量，她的国势是同样不容易抬头的。我们的国家过去海洋上的一切，因为缺乏了一个概念，所以一切不但落后而且造成蛰伏在大陆上的趋势，战争到今天，好像变成一个内陆国家了。海洋概念的最主要意义，是将我们的国势在历史的段落里，扭转她的方向，百年来挨打的局面，加以一个角度的转变……"① 正如康德的墓志铭上写道的：重要的不是给予思想，而是给予思维方式。只有海洋行动而没有海洋观念带来的是国势落后，是蛰伏于大陆。当时的学人已经对海洋观念的最重要的意义有了深刻的认知，就是海洋角度的转变可以带来国势的转变。近代海洋观念就在内忧外患的被动应对中起起落落，留给后人无限遗憾和思考。

① 《一个新的观念：我们的海洋》，载《新世界》1944 年第 10 期。

2.1 闭关锁国与被动应对：矮化为海防的海洋观念

15 世纪之前，由于活动能力不足，东西方的活动区域都受到限制。15 世纪地理大发现以后，东西方对于茫茫大海的认知差距渐渐拉开。西方的视野已在全球，中国的目光仍在九州岛，欧洲已经有了将陆地与海洋联系起来思考的意识，中国却坚守陆地而与大海失之交臂，中西方因此在 18 ~ 19 世纪走向了不同的历史方向：海防与海权。

“在中国有文字记载的 4000 年历史的大部分时间里，其地缘政治导向都是大陆性的。就是这个陆地人的中国铸就了闭锁的文化、宗教、主要语言（汉语）和帝国官僚系统。这就是孕育了中国高度的以自我为中心的意识和根深蒂固的种族优越观的那种文化。它是一种瞧不起外国人，仅把他们视为一群野蛮人，同时竭力要把自己从心理到身体上都与外部世界隔离开来的文化。中国有着广袤的土地支撑着它的这种大陆性的自给自足和孤立理念的形成和发展。”① 自秦汉以来，历次中原王朝外部危机均来自北方，游牧民族是中原农耕世界的心腹之患，东南方向波涛汹涌的海洋则是天然屏障。随着 16 世纪航海时代的到来，海疆不再是天然的安全屏障，反而带来了更加难以应付的敌人。中国的海洋防御体系真正形成是在明代。“我国在沿海设防可追溯到很早。但明以前，除元朝有抵御外敌从海上入侵的作用外，其余多是对付本国的敌对势力或国内其他民族，而且限于个别地域，没有完整的防御体系。因此，这些不过是海防的萌芽，真正形成防御体系，则在明代。”② 明宣宗宣德十年（1435 年）以后，明廷对外政策急剧转变，较之明初从进取转向保守，大大减弱了海洋参与的主动性和积极性。③ 15 世纪的“中国在

---

① ［美］索尔·科恩：《地缘政治学——国际关系的地理学》，严春松译，第 275 页，上海社会科学院出版社 2011 年版。

② 范中义：《明代海防述略》，载《历史研究》1990 年第 3 期。

③ 参见杨国桢、陈支平：《明史新编》，第 124 页，人民出版社 1993 年版。

整个印度洋上伸展了政治空间和影响力。当时世界的一半已经在中国的掌握之中，加上一支无敌的海军，如果中国想要的话，另外一半并不难成为中国的势力范围。在欧洲大冒险、大扩张时代来临前的一百年，中国有机会成为世界的殖民强国。但中国没有"[①]。重农抑商和妄自尊大、故步自封心态使得明朝统治者失去了向海洋开拓、与外国平等交往的雄心壮志和豁达胸怀："朕思足食在于禁末，足衣在于革靡。"[②] 就如马克思在分析中国封建晚期皇帝的心态时所言："与外界完全隔绝曾是保存旧中国的首要条件。"[③] "中国作为海洋政治强国的地位从此一蹶不振。"明代的"海禁"只是禁止了私人出洋从事海外贸易，但通过"朝贡"和官办的方式仍可进行海洋贸易。清朝的建立与北方部族的支持有很大关系，尤其是蒙满联合，形成合围之势，最终灭了明朝。此后，平定三藩，统一台湾，对大陆版图进行了历史上前所未有的经营，但这并不能遮蔽它海洋战略的失败。清代的"闭关锁国"与明代不一样的是，不仅不与外国商贸往来，还严格限制对外的政治、经济、文化和科学等方面的交流。海的那一头情形完全不一样，"早时也好，近时也好，海是不列颠历史的关钥"[④]。海权国家与陆权国家有一天相遇了。"闭关锁国"阻止的只是中国自己的商船出海，但无法阻止欧洲商船与舰船的东来。"如果说，利玛窦给万历皇帝带来的世界地图和自鸣钟，表达的是一种全新而温和的'世界观'，那么，马戛尔尼的礼品（枪炮、战舰模型等）所体现的则是海上强国的强硬的'方法论'。"[⑤] 正如美国学者所指出的：海军的力量天生具有刺激并保护

① ［美］李露晔（Louise Levathes）：《当中国称霸海上》，邱仲麟译，第 2 页，广西师范大学出版社 2004 年版。

② 《明太祖实录》，"洪武十八年九月戊子"条。

③ 《马克思恩格斯选集》第 1 卷，第 780 页，人民出版社 2012 年版。

④ ［英］屈勒味林：《英国史》，钱端升译，第 3 页，中国社会科学出版社 2008 年版。

⑤ 梁二平：《中国古代海洋地图举要》，第 328 页，海洋出版社 2011 年版。

商业的功能……与大海相联系的生活方式培育了人们勇于实践及自由探索的开放精神。[①] 海军所开辟的广阔版图让苏格拉底能够说："不要叫我雅典人，我是世界公民。"

公元前480年，希腊海军在萨拉米斯海战中击败波斯舰队，这也是世界上最早显示海权胜于陆权的经典战例。后来的罗马人、奥斯曼土耳其人和近现代英国人、日本人、美国人都可以看成是希腊的翻版。马汉创造了极具魅力的词——"海权"（sea power）。何为"海权"？是指"有益于使一个民族领先海洋或利用海洋强大起来的所有事情"[②]。马汉认为，海洋的巨大价值就在于它提供了最为广阔的海运航线。"海洋本身对于能以足够兵力将其占有的海军来说，就是一个链环，一座桥梁，一条公路，一处中央位置。"[③] "海权论"的核心思想是通过控制海洋以控制世界贸易，通过控制世界贸易以控制世界财富，通过控制世界财富以控制世界本身。西方很少讲海防，它在第一层面讲海洋，因为它看重海洋可以带来的巨大商贸利益；第二层面讲海权，因为它认为海洋问题的实质在于海权，而要获取海权必须积极主动进攻，而不能限于如何防海。在中国近代，海洋问题被矮化为一个海防问题。因为长久以来中华民族在广阔陆地上生生不息，生于斯，成于斯，利益在陆地视野也就聚焦于此。同时，中国文化以防御性为主导，"不教胡马度阴山"的主要手段就是修筑长城。自战国末期燕、赵、秦开始在北部边境修建长城，这一工程一直延续到清代，长城也就成为中国的基本国防线，长城式的陆地防御体系已经凝固在民族文化中，自然也会被移至于海上。对于清代早期来说，闭关锁国的国策在军事上的反映就是全

---

① 参见［美］约翰·R. 黑尔：《海上霸主：雅典海军的壮丽史诗及民主的诞生》，史晓洁译，绪论，第4~5页，广西师范大学出版社2012年版。

② ［美］艾·塞·马汉：《海权对历史的影响（1660~1783）》，安常容、成忠勤译，第1页，解放军出版社1998年版。

③ ［美］艾·塞·马汉：《海权对历史的影响（1660~1783）》，安常容、成忠勤译，第96页，解放军出版社1998年版。

面防守。从顺治到乾隆年间，清军的外海战船共有28种，内河战船共有41种。“如果用今天的标准来衡量，清朝水师算不上是一支正式的海军，大体相当于海岸警卫队。在18世纪，清军水师并不以哪一国的舰队为假想敌，其对手仅仅是海盗，不像西方海洋强国那样在浩瀚大海上描绘出一幕幕雄伟壮观的海战画卷，所以清军水师的战略任务是近海巡缉、守卫海岸而不是出洋与其他国家一比高低。”① 到了晚清，海洋成为近代中国受侵害的一个方向，成为西方获取利益的一个通道，因此，回避和防守也就成了国势衰弱时期的一个必然选择。我们可以看到关于近代海洋的军事地理著作当中，除了10%左右是对中国沿海形势和海外形势的论述（魏源的《海国图志》是最典型的代表）外，海洋防守的著作占了几乎90%，从丁日昌、李鸿章的《海防要览》到郑观应的《防海危言》、施在钰的《防海节要》、朱子庚的《万里海防图》等等，无不是将海洋观念紧锁在海防一隅，即使是其余10%的沿海形势分析，绝大多数也是为了应急式的防守。晚清中国政治家的海洋观念代表那个时代国人的最高水平，尽管丰富多彩，但是都聚焦在海防领域。魏源的“守远不若守近，守多不若守约，守正不若守奇，守阔不若守狭，守深不若守浅”，看似当时无奈的权宜之计，实则陆地文化基因的表现。左宗棠和丁日昌就特别关注民心在海防上的作用，②③ 二人都格外重视台湾的海防问题，左宗棠首倡台湾设防，④ 丁日昌则进一步提出欲筹海防宜以全力专顾台湾。⑤ 李鸿章在德国希里哈的《防海新论》中发现：西方的“防”是与沿海各国发生战争的时候，把本国的军

---

① 戴逸、张世明：《18世纪的中国与世界》（军事卷），第6页，辽海出版社1999年版。

② 参见《左文襄公全集·书牍》卷二十四，第53页。

③ 参见《光绪五年四月二十五日前福建巡抚丁日昌奏》，《洋务运动》（二）第396页。

④ 参见《左文襄公全集·奏稿》卷五，卷十九。

⑤ 参见丁日昌：《上总署论购铁甲船事宜书》，《百兰山馆政书》卷十。

舰开到敌国的各个海口，不容许敌国兵舰出入，这是防守的上策，其次就是守卫自己的海岸线。李鸿章认为上策是做不到的，哪怕退而求其次也不是容易的事情，所以只能选择重要的海口来据守。[①]李鸿章海防思想的一大进步是以海为主、水陆相依的海防战略思想已经形成，[②] 但是最终他的思想还是在“保船制敌”“口岸防守”“我之造船本无驰骋域外之意，不过守疆土，保和局而已”[③]的方针下流于消极被动。薛福成在设防层次上强调“化门户为堂奥”[④]，马建忠海防思想的特点是强调海防和海军建设的制度化，倡导以西方尤其是英国海军为模式，这在当时对李鸿章以及北洋海军的建设都产生了很大的影响。张佩纶认为创办外海兵轮水师是当今的急务，[⑤]这对消极的海防是一个突破，但是还没有真正超越防守。郑观应也是如此，虽然强调突破单纯口岸防守[⑥]，而且提出了更具体更实际的方略，但最终还是拘于海防，而没有更宽广的海洋观念。“若大国勤于远略，广斥属地，战船而多快船，以利遐涉；次国重自守，视地险易为数之多寡，截护口岸，无取远攻；若弱小之国，物力有不逮，勉事营缮，供卫而已。察其所先，而亟备其所难，凡小大之

---

① 李鸿章在《筹议海防折》中写道：查布国《防海新论》有云，“凡与滨海各国战争者，若将本国所有兵船径往，守住敌国各海口，不容其船出入，则为防守本国海岸之上策。其次莫如自守，如沿海数千里敌船处处可到，若处处设防，以全力散布于甚大之地面，兵分力单，一处受创，全局失势。故必聚积精锐，只保护紧要数处，即可固守”，所论极为精切。中国兵船甚少，岂能往堵敌国海口，上策固办不到。欲求自守，亦非易言。

② 参见张侠等：《李文忠公全书·奏稿》卷三十七，卷三十九，海洋出版社 1982 年版。

③ 《李鸿章为设海部兼筹海军复总理衙门函》，《清末海军史料》，第 33 页。

④ 薛福成：《出使英法义比四国日记》，钟叔河主编：《走向世界丛书》，第 263 ~ 264 页，岳麓书社 1985 年版。

⑤ 参见《会办福建军务大臣兼署船政大臣张佩纶奏请设沿海七省兵轮水师折》，张侠等编：《清末海军史料》，第 36 ~ 38 页，海洋出版社 1982 年版。

⑥ 参见郑观应：《盛世危言·水师》第 5 卷，第 39 ~ 40 页，上海古籍出版社 2008 年版。

邦莫不皆然。”[①] 中国近代海上力量的发展走的就是“次国”的道路，把自己的目标限定在防御本国海口的一个较低的层面。蒋百里谈到海军改革的失败时，认为“防之一字中其毒也”[②]。以己度人的大陆性思维导致了对西方列强战略意图的错误判断，认为西方列强与中国争夺的目标在于陆地而不在海洋。“盖我之土地、人民、货财，皆在内地而不在大洋，若一旦有事，彼必与我争陆地而决不与我争大洋……”[③] 晚清海防思想是在中国传统军事文化观念的制约下，对当时列强海洋战略判断错误的结果，同时也是对近代海军攻势化作战形态认知缺失的反应。由于没有认识到世界列强竞争于海洋寻求市场和殖民地的战略，以及航海交通和军事技术的飞速发展而横行四海的威力，清代的战略视野只会紧锁在陆地；因为没有认识到西方海军的本质是展开全球化争夺和进攻，他们的一切海军政策的最终目标是获得决定性的胜利，所以清朝建立的海军只能是水师概念的延伸，是整个军队中的一个兵种，而不是一个军种，是傍岸而战的陆军的辅助者，并不是走向大洋的主导者。我们假想中国如果在19世纪中期遭遇打击时能真正了解西方的海洋战略以及它的世界大棋局视野，就会有真正的启蒙和觉醒。在半个世纪后的甲午战争中面对日本时，也就会跳出被动防守的思维圈，完成自我提升，结局也许会不一样。没有对海洋和西方国家战略进行本源性的思考，一味防守，被动经营，于是就一次次失去了走向海洋的良机。没有整体文明尤其是制度和文化支撑的晚清海防思想呈现出被动性、保守性、对外依赖性以及缺乏海权观念的特点，经历了一个“民族危机→议论海防→危机暂缓→议论平息→危机加深→议论再起”的循环[④]。这种循环使得海洋观念始终在海防层次徘徊。

---

① 许景澄：《外国师船图表》王咏霓“后序”，浙江官书局，清光绪二十二年(1896)。

② 蒋方震：《最近中国五十年军事变迁史》，第129页，上海申报馆1922年版。

③ 汝玉虎、黎烈军：《近代海军海防文选译》，第43页，巴蜀书社1997年版。

④ 参见杨国宇：《近代中国海军》，第669页，海潮出版社1994年版。

矮化为海防的海洋观直接的影响是甲午战争的失败和晚清海军改革的急速衰落。当时被称为亚洲最强大的北洋海军，派往英国学习驾驶军舰、派往法国学习制造军舰的大批海军留学生，还有最早的军事院校即中国第一所海军学校——福州船政学堂（1866 年成立）……这些轰轰烈烈的尝试在海洋防守的观念下，似乎注定了它高投入低回报的结局。防守意识的长远影响是海洋观念无法全面舒展和深化。海洋问题是中国近代民族主义的重大关切，中国近代海防意识的逐步觉醒，又反过来推动了近代民族主义的发展，并将自己逐渐汇集到民族主义的大旗下。毫无疑问，无论是甲午战争前的“海防论”还是之后的“海权论”，以及在这个过程中萌生的视野更开阔、思考更深远的“海洋论”，都是同期民族主义的重要增长点。当然，中国近代民族主义毕竟是在中国文化的土壤上移植西方理论的产物，它始终带着文化主义、天下主义的基因，进而深刻地影响到中国近代海洋观的内涵与特质。它是因应性、自卫性的民族主义，投射到海洋观念上，就是观海、筹海却长期拘泥于防海，把海洋问题矮化成海防问题，积极主动的海权观念姗姗来迟，而且整体含蓄薄弱。这对于当时的个体和群体来说，无疑又是他们的文化宿命。

魏源对于海外的关注是近代海洋观念的萌芽，至于对海洋有明确的战略性认知和前瞻性规划则是到了 20 世纪 40 年代中期，即第二次世界大战即将结束的时候。此时的海防观念在实践上经历了甲午战争的沉重挫败，遭遇了日俄战争、第一次世界大战、第二次世界大战的巨大冲击，在理论上则是由于众多的因素丰富了海洋观念：如马汉的《海权论》在中国的传播，近代军事学和地理学的构建，军事地理学的成熟与发展，大量军事地理学教科书的使用以及相关期刊的创办和传播（1910 年前后中国留日海军学生创办了《海军》《海事》《海事月刊》等），著名学者对海洋海权的深刻关注，等等。这些都在理论上大大深化和丰富了海洋观念，并且完成了海洋观念的学术性和社会性传播。“海洋概念的内容是海洋国策问题，海洋国策的建立与进行，其中就包括有政治的经济的。在这两种动力里面，概括地说就是如何建立我们的海洋事业，积极的就是海军建设，消极的就是海洋航业建设，前者属于海军建军问题”①。这些理念不仅超越了海防，也超越了军事，所看到的是立体的海洋，全面价值的海洋。当然，由于现实环境并没有为海洋观念提供进一步拓展的空间，关于这一点，将在下一节“观念与行动同进退”中进行具体分析。

有人指出，战争从来都是分两次进行的，第一次是在军事家的头脑中，第二次是在现实中。可以说，近代中国的海上御侮战争第一次在军事家的头脑中就是萎缩不健全的，那么第二次在现实中就只能更狼狈了。

2.2 观念与行动同进退：国防破碎中的海洋观念

世界近代海洋强国的发展道路清晰地向我们展示了这样的图景：海洋意志和战略提升了国家发展的境界，国家的迅速发展又使得海洋观念得以实现。英国的皮特（1708～1788）坚信“七年战争”的最大教益在于：在世界性战争中，处于优势的海军具有普遍的、不可抗拒的威力。皮特计划的海洋战略使得英国国旗在各大洋上迎风招展，煊赫一时。1871年德意志完成了统一，较为稳定的内部环境和德皇威廉二世拓展海洋的强烈向往结合起来，而此时马汉的“海权论”问世了。德皇威廉二世是马汉最热烈的崇拜者，马汉的《海权论》曾长期被美国出版商拒绝出版，但其德文版在两年之内却变成了德国海军的教科书。威廉二世在1892年7月的演讲中把他对马汉的海权思想的推崇表达得淋漓尽致，我现在不是在阅读，而是在吞噬马汉的著作，所有的观点都非常精辟。这本著作为每个舰船所必备，我们的舰长们和军官们都经常学习和引用它。1897年，威廉二世又在演讲中表达了对海洋和世界性强国的向往：“德

① 《一个新的观念：我们的海洋》，载《新世界》1944年第10期。

意志帝国要成为世界帝国。在地球遥远的地方，到处居住着我们的同胞。德国的货物，德国的知识，德国的勤奋要漂洋过海。”[①] 德国开始积极建设一支对英国有巨大威胁的战列舰队，以完成从欧洲大陆走向世界海洋的梦想。如果没有国内的统一现状，就没有德国重工业的高速发展作为支撑，威廉二世也就无法从威廉一世和俾斯麦的大陆性守成的战略转向海洋。美国历史的每一页都带有海水的咸味和浪花的痕迹，美国大部分历史都是海上活动的人和船的历史。美国本身就是马汉海权理论最大的实践者和受益者。19 世纪中期美国仍然坚守着孤立主义，19 世纪末到 20 世纪初，马汉的海权至上思想冲击了总统罗斯福和社会媒体，朝野上下达成了共识：从孤立主义走向海洋。罗斯福总统在演讲中确立了由太平洋走向世界的战略。随后，才有了美国的成功崛起，才有了在两次世界大战中，美国强大的海军护航保障美国生力军向欧洲战场的输送，两次形成对德国东西夹击的战略态势。彼得大帝积极谋求海权，被俄国人称为“俄国海军之父”。他声称：“任何君王，如果只有陆军，他就只有一只手，加上海军，他才是双臂齐全。”[②] 在与瑞典的汉科海战之后，俄罗斯加快了争夺海洋控制权的步伐。日本这个天然的海洋国家在沉睡千年之后被西方惊醒，稳定的内部环境使得明治维新得以顺利展开，马汉的《海权对历史的影响》一出版立即被译成日文，日本上至天皇和皇太子，下到政府官员、军校师生，都争相传阅，很快举国上下统一了发展海军的意志，以清王朝为假想敌制定了战略计划。1895 年，日本赢得了甲午战争，一跃成为亚洲强国，1905 年赢得日俄战争跻身世界海军强国行列。海洋观念和海洋行动的关系仿佛榕树的根和枝，枝叶垂下来做了根，根又伸展成枝叶。

中国近代海洋拓展的极大困境就是，内战内乱不断，外部危机

① 陈乐民：《西方外交思想史》，第 123 页，中国社会科学出版社 1995 年版。

② 宋宜昌：《火与剑的海洋：帝国的崛起与衰落》，第 121 页，上海科学普及出版社 2007 年版。

频发，塞防和海防往往同时告急。1875 年左宗棠和李鸿章的塞防和海防之争的历史背景就是：在西北边疆出现危机时，东南地区台湾遭到日本的侵略。这就使得刚刚点燃的海洋观念摇曳不定，难以继续深入，中国近代的海洋观念就在这困境中周周转转，错失良机。以李鸿章的海洋观念为例，李鸿章一向在清王朝中以重视海洋、积极筹备北洋海军著称，他认为海防价值远大于塞防价值，是名副其实的海防派。但是，李鸿章在军事地理方面关注两个方向：一个是江浙内陆地理，这是针对太平军的；一个是沿海方向，这是针对外部入侵的。我们可以清晰地看到他对江浙内陆的关注度和论述的分量要远远大于沿海。战略重心和方向依旧在本土陆地就无法生长出开放的海洋观念，也建立不了一支机动的海军。这是值得深思的。从中国的地理状况来看，内战极大地影响了海上力量发展，从晚清到民国，海军军费远远低于陆军军费。尽管光绪元年已经决定每年海防经费为 400 万两白银，并且已经指定各省海关按期兑付，而实际到位的经费微乎其微，北洋实际得到的海防拨款每年平均不过 30 万两，南洋则更是少而又少。[①] 据光绪二十四年（1898 年）统计，陆军年耗军费 4500 多万两，约占清政府全年收入的一半，[②] 而这一时期海军经费平均每年只有 200 余万两，只占清政府全年收入的 2. 2%，陆军军费为海军经费的 22 倍。从改革后新式陆军与海军的经费来看二者差距仍然悬殊。例如，1912 年度的预算，岁入库平银 26800 万两，岁出为 28631 万两，其中陆军经费 6826 万两，海军经费 1219 万两。[③] 陆军经费占国家财政总支出的 23. 8%，海军经费占国家财政总支出的 4. 2%。陆军经费为海军经费的 5. 57 倍。中法战争清朝陆军在镇南关取得大捷后，朝野更加滋长了陆战是中国的优

① 《光绪五年十月二十八日直隶总督李鸿章奏折》，《洋务运动》第 2 册，第 421 页，上海书店出版社 2000 年版。

② 张振龙：《中国军事经济史》，第 457 页，蓝天出版社 1990 年版。

③ 参见［美］拉尔·鲍威尔：《中国军事力量的兴起》，陈泽宪、陈霞飞译，第 272、274 页，中国社会科学出版社 1979 年版。

势的观念，“中国与洋人战于海上有胜有败，与洋人战于陆路多胜少败”。甲午战争后，朝野舆论认为失败的原因是由于发展海军造成的，重新出山的恭亲王奕䜣等人遂以节约经费为名，奏请裁撤海军衙门和水师学堂。这个奏折于 1895 年 3 月 12 日得到批准。主张放弃海洋，放弃海口，甚至要求放弃海岸和海岛，退入内河，退入陆地的大有人在。[①] 严复分析甲午战争失败的原因，认为不是因为发展海军造成的，而是海军发展不足导致的。“士大夫持论，不悟我之所由取败者，咎在图之而不竟全功，非曰成之而其物为无用，徒云北洋设置海军历时十年，糜饷无算。”[②] “与其株守海口，不如角胜于洋面；与其周章于临时，不如绸缪于未事”[③] 的零星的真知灼见淹没在“以守为战”的思想观念中，明代提出的“有海防无海战”的传统陆基海防观念始终是主流思潮。北洋政府时期，海军在内战割据中分崩离析，卷入一连串的混战。海军追随直系军阀，用兵湘鄂，直奉战争中海军助直攻奉，江浙战争爆发时，沪宁海军各助一方，奉系军阀组建了自己的海军，广东地方政府始终保持一支不大的海军力量，也都参与了割据和混战。北京政府连年内战，主要用陆军打内战，无力顾及海军。“民国以后，海军经费之详细收支，已不可考”[④]，“仅有的史料很零碎，如 1919 年度的海军预算为 8763296 元，海军是否得到了这些钱，用这些钱干了什么，就不得而知了（一说是海军这一年的费用仅得 400 万元，为陆军同年费用 26909 万元的 1/67）”[⑤]。正如 1913 年《海军部请建练习舰队呈文》中所说：“窃惟海军要素，厥器与人，而为诸设施，端资财用。现

---

① 参见何良栋：《皇朝经世文四编》卷三十七，第 2 页，台北文海出版社影印本。

② 严复：《代北洋大臣杨拟筹办海军奏稿》，王栻编：《严复集》第 2 册，第 256 页，中华书局 1986 年版。

③ 《光绪五年十二月通政使司参议胡家玉奏折》，《洋务运动》第 2 册，第 429 页，上海书店出版社 2000 年版。

④ 包遵彭：《中国海军史》下册，第 670 页，中华丛书 1970 年版。

⑤ 杨国宇：《近代中国海军》，第 756 页，海潮出版社 1994 年版。

在振兴海军，财用不足，固同无米之炊；而人才无多，尤为进行之沮。”[①] 在《海军部呈第一次置舰计划》中明确说道：“窃维世界万国形势互殊，有陆国，有海国，有陆海交错之国。陆国偏重陆军，海国偏重海军，陆海交错之国陆军与海军并重……我国国于大陆，而东、南、北三面滨海，海线之长绵亘数千里，盖正陆海交错之国。使独注重陆军，而于海军忽焉不备，备焉而又力不厚，势将无以自存，更无论称雄于今世。”[②] 陆军膨胀和海军衰落是由中国的地理环境决定的。“甲午战前的黄金时期，甲午战后的衰败期，及宣统年间，以预备立宪萌芽，乃设海军部以载洵为大臣，拟定中国二次海军复兴计划……革命运动起，计划遂中断，重以民国三年以后，欧战爆发……第二次复兴计划又复流产。入民国来，干戈扰攘……今日之凋零”[③]，“内战之频仍，以中国之山川地理，若生内战，则利于陆战而不利于海战。民国以来，频年内战，故陆军之发展甚速而海军反形落后不为当局注目……陆军费用占全部预算额百分之四十，而海军费占百分之二耳，此盖出内战使然”[④]。作者表达这样的忧虑和思考是在 1935 年，中国在两年以后本土遭遇日本的全面入侵，受到了前所未有的践踏和破坏，在亡国灭种的边缘挣扎，发展海军走向海洋已成为一种不切实际的奢望。虽然蒋介石对于海军的重要性有深切的理解，认为“尤须建立革命的新海军，方足以充实国防，保持三民主义之真正实现”[⑤]，但是在抗战和内战中蒋介石都反复强调采取“陆主海从”，而以空军为中心的原则，一则由于建设海军的时间和经济投入远远大于空军，二是因为在内战对于

① 杨志本：《中华民国海军史料》，第 92 页，海洋出版社 1986 年版。

② 杨志本：《中华民国海军史料》，第 151 页，海洋出版社 1986 年版。

③ 胡宗谦：《国防破碎中之中国海防与海军建设问题》，载《前途杂志》1935 年，第三卷，第八期。

④ 胡宗谦：《国防破碎中之中国海防与海军建设问题》，载《前途杂志》1935 年，第三卷，第八期。

⑤ 《对海军军官学校三十七年班学生的训词》，载（台）《尖端科技》月刊，1988 年第 4 期，1984 年 4 月版，第 99 页。倪行祺：《海军学校影集》，1987 年 10 月。

海军的需求几乎为零，即使与日本全面入侵的较量也是在本土进行。以至于抗战时海军批评政府对待海军的重视程度还不如袁世凯。“政府方面，多不明了海军在临海国的军事价值，也不想学美、法两国的国防政策。不是认为中国经济无法建设海军，便是认为现在空军之增强，势已迫成海军为可有可无的奢侈品，他们对待海军，用句抽象的话说，尚远不如袁世凯……”① 19 世纪 70 年代，恩格斯在《反杜林论》一书中就指出：“现代的军舰不仅是现代大工业的产物，同时还是现代大工业的样板，是浮在水上的工厂——的确，主要是浪费大量金钱的工厂。”② 在近代军事改革中海军改革一直遥遥领先，但是由于内战不断，陆军反而膨胀，海军迅速衰落，更何况在外部还面临着塞防和海防的双重危机。内忧外患的百年现状严重阻碍了海防和海军建设，当然也使得海洋观念停滞甚至倒退。

表 1　1840 ~ 1949 中国内战、外战年表

时间	内战	外战
1840 ~ 1842		第一次鸦片战争
1847		七和卓之乱
1851 ~ 1864	太平天国运动	
1853 ~ 1868	捻军起义	
1853	江宁之战	
1853 ~ 1855	上海小刀会起义	
1854 ~ 1864	大成国起义	
1856 ~ 1873	云南回变（杜文秀起义）	
1856 ~ 1860		第二次鸦片战争
1859 ~ 1865	李永和、蓝朝鼎起义	

① 翁仁元：《抗战中的海军问题》，第 3 ~ 4 页，黎明书局 1938 年版。

② 《马克思恩格斯选集》第 3 卷，第 552 ~ 553 页，人民出版社 2012 年版。

续表

时间	内战	外战
1862～1877	同治陕甘回变	
1867		罗发号事件
1874		牡丹社事件
1876～1878		清军收复新疆之战
1883～1885		中法战争
1894～1895		中日甲午战争
1895		乙未战争
1898～1900		义和团运动
1900～1901		八国联军侵华战争
1906	萍浏醴起义	
1907	黄冈起义	
1907	七女湖起义	
1907	镇南关起义	
1911	保路运动	
1911～1914	白朗起义	
1911	辛亥革命（含武昌起义）	
1913	二次革命	
1915～1916	护国战争	
1917～1918	护法战争	
1918	西安战斗	
1918	成都战斗	
1920	直皖战斗	

续表

时间	内战	外战
1920～1921	第一次粤桂战争	
1921	第二次粤桂战争	
1922	第一次直奉战争	
1924～1927	第一次国内革命战争	
1924	江浙战争	
1924	第二次直奉战争	
1925～1926	反奉战争	
1926	南口战争	
1926～1928	北伐战争	
1927～1936	第一次国共内战	
1929	蒋桂战争	
1929		中东路战争
1937～1945		抗日战争
1946～1949	第二次国共内战	

注：1840～1949 年 109 年的历史中，有内战 33 次，外战 13 次。

这正印证了“陆军天生就有一种割据和分裂的暧昧特性，容易成为窝里斗和内战的工具；而海军则天生就是统一和团结的象征，具有保家卫国、一致对外的天然趋势和特性。海洋上没有稳固的界限，无法割据；为了平息内乱，船舰也开不到陆地上去。观察一个民族是否在政治上达到了一种相当高的整合程度，一个可靠的标尺就是看其是否拥有一支强大的海军”①。近代中国陷入了内战→陆军

① ［德］C. 施米特：《陆地与海洋——古今之“法”变》，林国基、周敏译，序言，第 3 页，华东师范大学出版社 2006 年版。

膨胀、海军衰落→内战的恶性循环中，海洋观念和行动在这恶性循环的旋涡中挣扎，直至被淹没。

西方海洋观念的拓展本身就是观念与行动互助为长的一个很好的例子。“当海洋这一根本能量在16世纪突然爆发后，其成果是如此深巨，以至于在很短的时间里它就席卷了世界政治历史的舞台。”① 德国的黑格尔在1820年的《历史哲学》中极力赞美海洋国家开放的心态和强大的活力；英国的麦金德在1887年写出了《历史的地理枢纽》，强调海上机动能力的重要性远远超出大陆的马和骆驼；美国的马汉在1885～1890年开始了惊世之作《海权对历史的影响1660～1783》《海军战略》等的创作，直接宣称了海权至上的观念，指出海洋本身对于能以足够兵力将其占有的海军来说，就是一个链环、一座桥梁、一条公路、一处中央位置。19世纪从哲学、地理学、军事学等各个视角来阐释海洋观念的热潮，是欧洲15～17世纪大航海行动的投射，是16～19世纪欧洲海上争霸现实在思想上的反映：16世纪葡萄牙和西班牙在欧洲的海外事业中遥遥领先，而整个17世纪是荷兰“海上马车夫”的时代，18世纪则是英国挑战荷兰成为海上霸主的世纪，1898年即19世纪末的美西战争是美国夺取海权的开始。麦金德也论述道：“由哥伦布一代的伟大航海家们开始的变革，赋予基督教世界以最广大的除飞翔以外的活动能力。这个单一、连续的包围分散的岛状陆地的海洋，当然是制海权最终统一的地理条件，也是马汉（Mahan）船长和斯潘塞·威尔金森先生等这些作家们所阐述的当代海军战略及政策的全部理论的地理条件。”② 弗朗西斯·培根也论述过海权的重要性：“握有海上霸权的一方是很自由的，在战争上它是可多可少，一随己意；在相反

① ［德］C. 施米特：《陆地与海洋——古今之“法”变》，林国基、周敏译，第49页，华东师范大学出版社2006年版。

② ［英］哈·麦金德：《历史的地理枢纽》，林尔蔚、陈江译，第64页，商务印书馆2011年版。

的一方面，那些陆军最强的国家却往往感受到极大的困难。”① 当然，反过来观念和思想又催生和深化了行动。主要的政治效果就是“把欧洲与亚洲的关系颠倒过来，因为在中世纪时，欧洲被关在南面不可逾越的沙漠、西面无边莫测的大洋，和北面、东北面冰或森林覆盖的荒原之间，而东面和东南面又经常受到骑马和骑骆驼民族的优势机动性的威胁。欧洲现在出现在世界上，它能到达的海域和沿海陆地增加了三十倍以上，它的势力包围着至今一直在威胁它本身生存的欧亚陆上强国……英国、加拿大、美国、南非、澳大利亚和日本，现在是制海权和商业上的一连串外围岛屿基地，它们是欧亚大陆陆上强国难以到达的地方”②。观念影响行动最有说服力的例子就是马汉的著述“促进了美国孤立主义的结束，高度影响了麦金利和西奥多·罗斯福政府期间外交政策的形成。尤其是罗斯福，他采纳了马汉的大海军建议，以及其较明确的几个地缘政治概念”③。

“没有像挑战一样的应战，就不会产生创造性的火花。”④ 近代中国在海洋观念与行动互助为长方面提供了失败的例子。20 世纪三四十年代中国学术和思想上的最大特点就是和世界接轨，试图在中西融合中完成超越。当时的海洋观念也是如此，学人通过教科书、杂志等传播媒介，将西方海洋思想和中国的地缘政治结合起来进行全方位的透彻分析，呈现了科学性、系统性的特点，视野已经远远超越了海防，超越了军事，而透视到政治、经济、文化价值。但是

---

① ［英］弗·培根：《培根论说文集》，水天同译，第 115 页，商务印书馆 1958 年版。

② ［英］哈·麦金德：《历史的地理枢纽》，林尔蔚、陈江译，第 65 页，商务印书馆 2011 年版。

③ Neil Smith and Jan Nijman, “Alfred Thayer Mahan,” in Dictionary of Geopolitics, ed. John O'Loughlin (Westport, Conn.: Greenwood, 1994), 156 – 158. 转引自［美］索尔·科恩：《地缘政治学——国际关系的地理学》，严春松译，第 20 页，上海社会科学院出版社 2011 年版。

④ ［英］汤因比：《历史研究》（下），曹未风等译，第 425 页，上海人民出版社 1986 年版。

从19世纪中期到20世纪中期的100余年中，中国在内部内战、内乱几乎没有间断，在外部常常是塞防和海防同时告急。因此，民族的激情、思想的理性与纷乱破碎的现实形成了巨大的反差，甲午海战的惨败，晚清海军改革的衰落，民国时期海军的分崩离析等这样的现状反过来又严重地影响了海洋观念的深入发展。从学术主体来看，虽然个别已经具有较高水平，但是仍然没有形成一个学术团体，整体水平没有得到充分发展。从学术载体来看，如第一家海军专门杂志《海军杂志》在1912年创刊，但随后由于军阀混战，海军力量四分五裂，学术研究也受到剧烈冲击，《海军杂志》在1913年停刊，前后仅出版了5期。畏缩不前的行动反过来又制约了观念的前行。德国希里哈的《防海新论》既有防守又强调进攻，但在中国就变成了只有防守的理论。马汉的海权论，在英国、德国、日本令多少人如痴如醉如狂，而在中国，虽也有人鼓之呼之，但是马汉的《海权对历史的影响》的第一个完整中译本竟是在20世纪末（1998年）才面世，这与英文原著的初版时间相差了100多年。“在陆战和海战的对立中，陆地与海洋的区分才显露出来。无论是从战略上说，还是从战术上讲，陆战和海战都永远是两个不相同的事情。然而，如今它们之间的冲突乃是不同的世界以及彼此对立的法律信念的表达。”① 刚刚发展起来的“知”在衰败的“行”中渐渐暗淡，贫瘠的现实土壤开不出绚烂的思想之花。

2.3 移植观念的困境

克洛德·列维-斯特劳斯在一次论战中曾经说，在他看来，“各个文明就像是一个巨大牌桌四周的玩家，因而它们都与一般的博弈规则有某种联系。假设他们互相帮助，彼此通报自己的牌和出

① ［德］C. 施米特：《陆地与海洋——古今之“法”变》，林国基、周敏译，第51页，华东师范大学出版社2006年版。

牌意图，他们串通得越多，其中一位赢的机会越大”[①]。学习和交流在人类文明历程中扮演着重要的角色，直接决定着文明的兴衰。可以说，在人类生存发展的过程中，各种文明力量不断地较量着学习能力和效率。整个亚洲地区在近代都因西方的冲击而开始了痛苦的反思与学习，学习新的观念、移植新的观念也是一种创造，是扭转国势的一个重要途径。而“无论是从战略上说，还是从战术上讲，陆战和海战都永远是两个不相同的事情。然而，如今它们之间的冲突乃是不同世界以及彼此对立的法律信念的表达”[②]。文化传统是现实的历史化，又是历史的现实化，是一种难以摆脱的历史的惯性。根据美国社会学家奥格本的社会变迁理论，转型社会往往容易形成一种“文化堕距”现象。“文化堕距”又称为“文化滞后”，这是一种由于社会文化各个不同层次之间变迁速率不一样而形成的差距。一般来说，技物层变速最快，制度层次之，观念层最慢。毫无疑问，移植海洋观念是对秉承大陆性文化的中国思维方式和视野方向的巨大挑战。

2.3.1 文化区域覆盖了地理属性

大自然给生活在其中的民族都留下了独特的印记，并已深深地根植于他们的心灵底层。文化人类学家认为要理解人的行为，必须从价值观着手：“文化赋予人生活的形态与意义，要理解一群人的行为，必须从探讨其价值观着手。人们是用文化的、心理的符号或密码来理解周围的世界。而一切实践活动，不论经济方面还是文化方面的，都依赖于这些文化，心理的符号或密码。”[③] 同时，文化也有自己的领地，有自己的区域，并且有自己的辐射能力：“一个文

① ［法］费尔南·布罗代尔：《论历史》，刘北成、周立红译，第230页，北京大学出版社2008年版。

② ［德］C. 施米特：《陆地与海洋——古今之“法”变》，林国基、周敏译，第51页，华东师范大学出版社2006年版。

③ ［美］乔伊斯·阿普尔比、林恩·亨特、玛格丽特·雅各布：《历史的真相》，刘北成、薛绚译，第190页，上海人民出版社2011年版。

明首先是一个空间，或者如人类学家所说的，是一个‘文化区域’，一个场所。这个场所或多或少会延展，但绝不会太狭窄……文化区域之于地理学的关系比人类学家一般承认的要大得多。而且，它是一个具有中心、‘核心’和边界的区域。在边界处能够最经常地发现最有特征的方面、现象和张力。有时这些边界及其囊括的区域是极其广大的。”① 中国的文化特征是以大陆性文化为中心不断地向外辐射，边界有海岸，但是却也显现着农耕文明的特征。虽然是一个陆海兼备的东方大国，但从古代到近代，中国的战略重心始终在大陆不在海洋。中国人的利益来自陆地，眼睛盯着陆地，情感系于陆地。从地缘条件看，中华陆疆辽阔，陆地发展空间巨大，很长时间里无须向海洋拓展。与东南大洋屏障、西南高山阻隔截然不同，北边大漠无险阻隔，游牧民族南侵构成主要威胁。于是，长城内外成为对外活剧的主舞台，农耕文明与游牧文明的对话和交融，成为历史演进的主旋律。

就中原内部发展脉络而言，其政治、经济、军事活动重心又可分为前后两阶段。唐以前，重心在北部，历史画卷总体上沿黄河东西展开，主要是东西力量的碰撞，尤以长安、洛阳为要点，属于中国历史的“东西轴心时代”。宋以后，特别是南宋以后，重心开始东移南下，顺大运河一线形成“南北对话”格局，尤以北京、南京、杭州为要点，历史进入“南北轴心时代”。无论“东西轴心时代”还是“南北轴心时代”，在近代以前，中国的战略重心都未曾移至海边，更未转至海洋。陆海兼备，在总体上只是天然的地理框架，而非实际的国家战略格局。甲午战争和抗日战争时期，国人深感北京、南京离海太近，易受列强侵逼，力主迁都西安、宜昌等地。这种危急关头的战略选择，再次体现出深厚的大陆地缘情结。斯宾格勒的具有决定性的发现是：“伟大的文化起源于性灵的最深

① ［法］费尔南·布罗代尔：《论历史》，刘北成、周立红译，第226~227页，北京大学出版社2008年版。

基础之上的原始实体；在一种文化的影响下，诸民族无论是在内在形式上还是整体表现上都只是文化的产物而非创造者……世界历史是各伟大文化的历史，民族只不过是这些文化中象征性的形式与容器，被人们用来履行其宿命。”① 东周时期，儒家文化作为大陆文化的结晶成为当时各诸侯国竞相学习靠近的文化核心，具有海洋性特征的齐国在文化上高度认同儒家文化，追随孔子的人数仅次于鲁国，几乎是各诸侯国中最多的。战国角逐的结果，由典型的大陆性文化体系的秦国统一了各国，由此奠定了中国的政治文化方向和命运。中国历史上的种种抉择可以说是大陆性文化的宿命，是文化区域覆盖了地理属性的典型表现。中国古代在保持大陆战略重心的同时，以其特有的“天下观”实现了中华文化对海洋的辐射和包容。《国语·周语》称：“先王之制，邦内甸服，邦外侯服，侯、卫宾服，夷、蛮要服，戎、狄荒服。”就是以王畿为中心，由近及远，依次划为“五服”，逐层管理，声教讫于蛮荒。实际上，中国古人的“化育天下”，是没有外部边界的，因此，很自然地将海洋、海外囊括其中。这一点有力映证了布罗代尔关于文化区域具有超越地理性的论述，文化超越了空间，影响又是久远的。对历史发展起决定作用的是植根于地理结构和心理结构的“长时段”因素，“长时段”因素同时起着支撑和阻碍作用。作为阻碍，它对人类社会的限制是人类及其经验无法逾越的：“时间不仅载负着我们，也载负着社会和文明——尽管方式不同。后者超越了我们，因为它们的寿命比我们长得多。”② 社会就像人一样，童年时期发生的一些事件会影响它的性格和决策，即使这些事件过去很长时间，其影响依然存在。

2.3.2 借鉴与抵制：观念的移植与创造

当一种异域文化迎面扑来之时，本土文化会本能地作出接纳或

① ［德］奥斯瓦尔德·斯宾格勒：《西方的没落》，江月译，第139页，湖南文艺出版社2011年版。

② ［法］费尔南·布罗代尔：《论历史》，刘北成、周立红译，第98页，北京大学出版社2008年版。

排斥的反应。一般情况下，如果外来文化与本土文化相对同质，或者外来文化正好契合本土生存发展的实际需要，则更多地采取接纳融合的态度。另一种情况是，如果本土文化观念体系正处于生长发育期，其自我意识还不太成熟强烈，同样也会相对容易地接受外来文化观念。反之，本土文化就会处于反感排斥的状态。如果外来文化既属于异质又非常强势，本土文化往往会在极端痛苦之中，采取一种有退有守的折中策略，在十分不情愿中步步退让。中国近代就属于后一种模式，所谓“中体西用”就是这种模式的集中体现。

就海洋观念而言，中国传统与西方的差异是多方面的。最主要的是在价值取向上，中国重德非攻、重义轻利的传统文化观念，整体映象到海洋活动和海洋问题思维之中。同时，在民族性格之中，中国人重守成、重内敛、惧冒险，导致开拓精神不足。“中国转向内向型发展的决策并不仅仅是一个错误的战略指导，更是一个文明停滞的表现。”① 这些都与近代西方形成明显对照，并成为近代中国人在海洋问题上整体反应迟钝、观念更新缓慢的重要原因。正是这种心理上的排斥抵触，使中国人将海洋问题局限在海防的层面，而且不能深刻认识西方近代“海权论”的真谛。

“人类的历史证明，一个社会集团，其文化的进步往往取决于它是否有机会吸取邻近社会集团的经验。”明清时期的中国缺少发现和学习的机制——学校、学会、学术团体，挑战和竞争，同时代的欧洲则在巨人肩膀上不断进步。②“一个民族只有在跟其他民族的相互关系中才真正成为一个民族，并且这个现实的本职也只能在自然的且难以断绝的敌对中，攻击和防御中以及敌视和战争中才显露出来。战争是一切伟大事物的创造者。生存的波流中一切有意义的

① ［美］法里德·扎卡利亚：《后美国世界——大国崛起的经济新秩序时代》，赵广成、林民旺译，第64页，中信出版社2009年版。

② 参见［美］斯塔夫里阿诺斯：《全球通史：从史前史到21世纪》下册，吴象婴、梁赤民译，第6~7页，上海社会科学院出版社1999年版。

事物大多是通过顺利和失败体现出来的。”① 中西方战争较量中的军事技术差距令中国人震惊，因此在军事技术上本能地作出响应和学习。“所有这些文化财产、文明的围观因素总是在流动（正是这一点使它们有别于普通的社会现象）。各种文明在同时交替地输出和借鉴它们。一些文明是贪婪的，一些文明是慷慨的。这种广泛的交往从未停止过。某些文化因素，诸如近代科学和技术，甚至很易于传播，虽然并非所有的文明同样地允许这种交流。”② 18 世纪以来，西方人便拿自己的科学技术作为评断其他文化的标准了。早在 1740 年，旅行过外地的欧洲人就下了结论：缺乏西方技术与力学思考的文化乃是次等的。③ 正是近代科学和技术易于传播的特点使得中国在海军技术上进行了较为积极的模仿和学习。

“但是并非每一次交流都是一帆风顺的。实际上，无论是对思想方式、信仰方式、生活方式，还是仅仅对工具的借鉴都存在着抵制。有些抵制是有意的，非常明确，另一些则是盲目的，似乎是由门户关闭或封锁造成的。”④ 这就从人类文化学的视角为中国长期闭关锁国对海洋观念的抵制找到了理论依据。社会的变化通常很慢，且具有强大的惯性，观念也是如此。“人们生根于他们所照料的土地上，渐渐在乡村间发展出一种心灵，自然而然地产生了一种新的束缚、一种新的情感……人们在播种和生育、收获和自然、孩子和

---

① ［德］奥斯瓦尔德·斯宾格勒：《西方的没落》，江月译，第 299 页，湖南文艺出版社 2011 年版。

② ［法］费尔南·布罗代尔：《论历史》，刘北成、周立红译，第 227 页，北京大学出版社 2008 年版。

③ 参见［美］乔伊斯·阿普尔比、林恩·亨特、玛格丽特·雅各布：《历史的真相》，刘北成、薛绚译，第 18 页，上海人民出版社 2011 年版。原文出自迈克尔·阿达斯（Michael Adas）：《机器成为人的尺度：西方主宰时期的科学技术和意识形态》（Machines as the Measure of Men：Science，Technology，and Ideologies of Western Dominance，Ithaca，N. Y.，1989），第 2 章。

④ ［法］费尔南·布罗代尔：《论历史》，刘北成、周立红译，第 227 页，北京大学出版社 2008 年版。

谷粮之间产生了一种深厚的情感，对于那些与他们一同生长起来的丰饶的土地产生了一种新的虔诚……这是每一种文化的先决条件，文化本身也正是依次从一种故乡景观中生长起来的，它不断变化并同时强化了人与土地的亲密关系。”① 与中国漫长的农耕智慧形成强烈反差的是西方大工业时代以来技术的日新月异。“在每一种文化中，战争技术总是缓慢地尾随工艺的脚步，直到文明开始时才突然领先，无情地强迫当代所有机械方面的可能性为其服务，在军事需要的压力下，甚至开辟了前所未有的新领域，但是，它同时也使勇士的个人英雄行为、贵族的精神和晚期文化的睿智在很大限度上失去了效用。”② 对于中国来说更是如此，传统的大陆性智慧显得措手不及。中国拥有世界上最古老的、连续不断的文明在于地理与文化的自成体系，同样在海洋行动与观念的迟滞也在于此。“它与人类其他伟大文明相隔绝的程度举世无双。地中海将美索不达米亚、埃及、希腊和罗马连接在一起，印度洋使印度能与中东、非洲和东南亚相互影响；然而，可与地中海或印度洋媲美的地理条件，中国却一点也不具备。相反，中国在其有史以来的大部分时间里，四面一直被有效地切断。它的西南面和西面，乃世界上最高的山脉；东面，是直到近代方能逾越的太平洋；北面和西北面，则为沙漠和大草原……”③ 严复在代拟的奏稿中首先分析了海权得不到社会重视的地理、历史原因和危害：“徒以神州奥壤，地处温带上腴，民生其中，不俟冒险探新，而生计已足，此所以历代君民皆舍海而注意陆。自弃大利，民智亦因以自封，遂致积重以成百年来之世面。”④

① ［德］奥斯瓦尔德·斯宾格勒：《西方的没落》，江月译，第 73 页，湖南文艺出版社 2011 年版。

② ［德］奥斯瓦尔德·斯宾格勒：《西方的没落》，江月译，第 346 页，湖南文艺出版社 2011 年版。

③ ［美］斯塔夫里阿诺斯：《全球通史：从史前史到 21 世纪》下册，吴象婴、梁赤民译，第 67 页，上海社会科学院出版社 1999 年版。

④ 严复：《代北洋大臣杨拟筹办海军奏稿》//王栻：《严复集》第 2 册，第 256 页，中华书局 1986 年版。

军事学家蒋百里曾对一个民族的生存状态与军事力量之间的关系，作过一个精辟的论断："我于世界民族兴衰，发现一条根本的原则，就是生活条件与战斗条件一致者强，相离者弱，相反者亡。"① 中国地理位置相对封闭且幅员辽阔，这就给中华民族提供了充分的自我发展的历史舞台，没有强烈的对外拓展的需求和渴望。

大陆性思维的惯性始终影响着中国的命运。人是习惯的奴隶的特点，将个体和民族长久捆绑在强大的思维和生活的惯性力中，使之无法挣脱。"研究人对自然的反作用，将是地理学中最迷人的篇章之一。人类改变他们的环境，结果是环境对人类后代的作用发生变化……然而，有一件事必须牢记心头。一个特定时刻的历史进程，不论是政治、社会或人类活动的其他方面的，不仅是环境，而且也是以前所取得的动量的产物。必须承认人主要是习惯的奴隶这一事实……"② 这说明欧洲的海外冒险和追逐财富是文化的惯性力，同样，中国也深深陷入维持现状的惯性力中。"……向海外的大规模扩张就是西欧所具有的新动力的一个表现……这一扩张给整个世界后来的历史以极其重要的影响。它使西欧人控制了外洋航线，能够抵达、征服南北美洲和澳大利亚的人迹稀少的广阔地区，并移居那里；从而，改变了世界各种传统的地区分布。最后，通过扩张，西欧财富迅速增加、力量大大加强；到 19 世纪时，已能渗入并控制位于中东、印度和中国的古老的欧亚文明中心……欧洲有历时很久的远征传统，海外扩张在某种意义上是这一传统的继续。"③ "在中国，儒教继续在社会中居支配地位。它尊崇老年人，轻视年轻人；尊崇过去，轻视现在；尊崇已确认的权威，轻视变革；从而，使它成为保持各方面现状的极好工具。最终，导致了处处顺从、事事以

① 蒋百里：《国防论》，《民国丛书》第一编，第 3 页，上海书店出版。

② ［英］哈·麦金德：《历史的地理枢纽》，林尔蔚、陈江译，第 45 页，商务印书馆 2011 年版。

③ ［美］斯塔夫里阿诺斯 ：《全球通史：从史前史到 21 世纪》下册，吴象婴、梁赤民译，第 12 页，上海社会科学院出版社 1999 年版。

正统观念为依据的气氛，排除了思想继续发展的可能……”[①]“值得注意的是，当欧洲在赢得对亚洲海上贸易的控制时，中国统治集团正在积极地反对海外事业……”[②] 正如军事学者倪乐雄所说：“……西方历史上的强大舰队大都在对抗中被歼灭，直接的后果是国家或民族的衰败。但是中国古代的强大舰队，不是在同对手的决战中消失的，而是被农耕社会自身对海军天然的‘排斥性’给毁灭的……”[③]海军兵力的突出特征乃是机动性，而大陆防御的突出特征则是固定性，二者是相悖的。这就可以理解为何魏源的《海国图志》在1842年出版后在日本掀起了学习的热潮，[④] 而在泱泱大国的传统思维中没有激起一丝波澜，寂寂无声20年。黄遵宪的《日本国志》1887年呈总理衙门后被束之高阁，发出的“海军一事为莫急之务”的呼吁也是同样的结局。直到1895年甲午战争后，梁启超等人痛心感叹如果此书早流传则国人知己知彼，可省赔款2亿白银。更可以理解北洋舰队在甲午战争时坚守不出的防御性战略导致的全军覆没。

观念通常是在对抗外来压力中形成的。麦金德认为：“形成于仅仅是一群有人性的动物相对立的一个国家的各种观念，通常是在共同苦难的压力和抵抗外来力量的共同需要下才被接受的。”[⑤] 麦金德进一步举例说明英格兰的观念、法兰西的观念、基督教世界的观念等都是在与外部力量对抗中形成的，这是激发观念的根本原因。

---

① ［美］斯塔夫里阿诺斯：《全球通史：从史前史到21世纪》下册，吴象婴、梁赤民译，第17页，上海社会科学院出版社1999年版。

② ［美］斯塔夫里阿诺斯：《全球通史：从史前史到21世纪》下册，吴象婴、梁赤民译，第77页，上海社会科学院出版社1999年版。

③ 倪乐雄：《文明转型与中国海权》，第75页，文汇出版社2011年版。

④ 《海国图志》传入日本以后，很快就受到日本有识之士的重视和欢迎，纷纷加以翻译、训解、评论、刊印。仅仅自1854年至1856年的3年之内，日本出版的关于《海国图志》的选本即有21种。学者南洋梯谦推崇《海国图志》是一部“天下武夫必读之书也。当博施以为国家之用”。

⑤ ［英］哈·麦金德：《历史的地理枢纽》，林尔蔚、陈江译，第51页，商务印书馆2011年版。

中国长期面临的是北方游牧民族“陆狼”（land-wolf）的入侵，大陆性观念在与之对抗中生根。那么，为什么近代中国面临西方“海狼”和东方日本“海狼”（sea-wolf）的海上打击，海洋观念却没能在强烈的对抗中融入民族文化性格，展现其能量和魅力，反而断断续续，甚至萎缩不生呢？那是因为内部战争（太平天国运动、义和团运动、军阀混战）将海洋的视线又拉回到了陆地。同样，面临日本全面侵略时的抗战是在本土广阔的大陆做持久之战，海洋观念被急迫的大陆战争所冲淡或者是被迫搁置。

中国军人的地位深刻影响了中国的命运。隋唐以来，中国的官员选拔主要通过成熟的科举制度，官僚阶层由知识分子组成，文官在政治生活中占据着主导地位，而军人地位则一再下滑。在此后中国的政治生态中，文官处于绝对优势，在国家危机和战争濒临时，历史上层出不穷的是文官挂帅出征。这种奇特的中国政治环境衍生出了“无兵的文化”，这种文化就是强调伦理原则和儒家经典，漠视战争技术和手工技艺。所以，在近代中国处于社会边缘的武官阶层无法接触到政治的主流冲击，更无法对外部战争冲击作出敏感响应，而长久浸染在重文轻武氛围中的民众更无法认知危机并响应挑战。尚文轻武不仅是武士角色的失落，也是一种民族精神的失落。相反，日本军人则和贵族一样拥有极高的地位：“正如在欧洲一样，在日本，当封建制正式开始时，专职的武士阶层便自然而然地得势了。他们被称为‘侍’（samurai）。其词义有如古英语的cniht（knecht，knight 骑士），意味着卫士或随从……他们是特权阶级……”① 直到19世纪中叶，只有贵族和武士家族可以使用姓氏。② 日本军人在社会金字塔结构顶端的优越地位，对于其接受新的军事思想和海洋观念起到了重要作用。日本军人处于社会的最高层，而

① ［日］新渡户稻造：《武士道》，张俊彦译，第16页，商务印书馆2006年版。

② 参见［美］本尼迪克特：《菊与刀——日本文化的类型》，吕万和、熊达云、王智新译，第36页，商务印书馆2005年版。

不像中国军人那样居于社会的最底层，这意味着日本拥有一个比中国的文人阶层更易受西方军事技术影响并对此反应更迅速的统治阶层。[①] 日本的系统学习能力和成就值得思考和研究，“日本提供的伟大教益就是，只要一个民族能清醒地认识到，一种确立了的文化的全部有价值的要素只有通过系统学习才能迅速掌握，而且按照这个原则行动，他们的命运就能得到保证”[②]。在近代系统学习方面，中国却与日本形成了明显对比：“在1840年之后的将近半个世纪以内，西学的输入是缓慢的，它对中国士大夫的影响是表面的，特别是和西方文化在19世纪日本的迅速发展及其改造影响相比就更加明显，这是重要的然而经常被忽略的事实。这个世纪中叶以后，当西学在日本迅速成为全民族注意的中心之际，它在中国却于数十年中被限制在通商口岸范围之内和数量有限的办理所谓洋务的官员之中。”[③]

军人高高在上的地位以及社会的尚武文化传统使得日本在近代军事学建立中有充分的军事学主体，同时在社会推行中不仅没有太大的思想阻碍，甚至还具有强大的社会推动力。当然，正是这样的历史文化和社会政治结构衍生了其狂热的军国主义。中国军人阶层在先秦时期曾具有较高的社会地位，低级军事贵族的“先赋”角色，使其在宗法式的奴隶制社会享有比较充分的社会政治权利。最初关于“士农工商”社会秩序的构想，便是以武士作为“四民”之首。经过后来武士向文士的蜕变，“士”转变为儒生士人的专有名词，军人则从“士”中分离出来，其角色称谓也从“士”改变为“兵”。在以“士农工商”为主体的传统社会，兵与民分是一个显著

① 参见［美］斯塔夫里阿诺斯：《全球通史：从史前史到21世纪》，董书慧、王昶、徐正源译，第445页，北京大学出版社2006年版。

② ［美］克拉克·威斯勒：《人与文化》，钱岗南、傅志强译，第192页，商务印书馆2010年版。

③ 费正清：《剑桥中国晚清史》上册，中译本，第315页，中国社会科学院出版社1985年版。

的特征。由于军人职业在以儒家伦理道德为核心的传统文化观念中评价值相当低下，致使重文轻武在民众心理中严重积淀，“好男不当兵”，当兵的只有破产农民、流氓、匪棍或罪犯。军人阶层的低贱地位决定了军人社会角色的边缘态势。在传统政治体制及其运作机制中，军人是不可或缺的角色，但却受制于传统政治文化和“以文制武”的文官准科层制。[①] 20 世纪三四十年代，雷海宗先生曾把这种现象与传统社会文化的历史发展相联系，认为中国自东汉以后便为“无兵的文化”，是一个完全消极的文化，主要特征就是没有真正的兵，也就是说没有国民，也就是说没有政治生活。[②] 他认为：“中国兵制的破裂与整个文化的不健全其实是同一件事。”[③] “无兵的文化”的影响在于，中国组成的官僚阶层由知识分子构成，这些知识分子专心于儒家经典著作，因而他们更强调的是伦理原则，而不是手工技艺或战争技术。[④] 因此在近代中西军事交锋中，文官体系的中国对军事的敏锐度不高，响应相对消极。这也是近代以来，包括梁启超在内的中国知识群体高倡尚武思潮的原因所在。

与后起之秀日本相比，中国的海防事业起步并不算晚，但实际效果有天壤之别。李鸿章分析个中原因总结为三点：“一由经费太绌，一由议论不齐，一由将才太少。”[⑤] 这三点原因的根源还是在于没有形成上下一心的走向海洋的意志和视野。1874 年日本侵台事件发生后，清政府以 50 万两白银的赔款糊涂了事。英国人米契这样写道：这件事等于告诉全世界：这里有一个富庶的帝国，愿意出钱而不愿意打仗。日本政治家伊藤博文在中法战争之后，曾经评论中国

---

① 参见熊志勇：《从边缘走向中心》，第 13 页，天津人民出版社 1997 年版。

② 参见雷海宗：《中国文化与中国的兵》，第 102 页，商务印书馆 2001 年版。

③ 雷海宗：《中国文化与中国的兵》，第 52 页，商务印书馆 2001 年版。

④ 参见［美］斯塔夫里阿诺斯：《全球通史：从史前史到 21 世纪 》，董书慧、王昶、徐正源译，第 445 页，北京大学出版社 2006 年版。

⑤ 《光绪五年十月二十八日直隶总督李鸿章奏折》，《洋务运动》第 2 册，第 421 页，上海书店出版社 2000 年版。

因循守旧的政治现状说："中国执权大官腹中经济只有数千年之书，据为治国要典……中国以诗文取文，以弓矢取武，所取非所用。稍微变更，则言官肆口参之。虽此时外面水陆各军俱加整顿，以我看来，皆是空言。缘现在法事甫定之后，似乎发奋有为，殊不知一二年后，则又因循苟安，诚如西洋人形容中国所说，又睡觉矣！"①

赫尔德说："历史展现了青春常在的民族的蓬勃精神以及其抑制不了的文化差异。"②"每一种文化都是一种独特的经验。即使一种文化来源于另一种文化，它迟早要确立自己的全部独特性，虽然有时这需要很长的时间……一种文化最终总是要使自己获得自由，否则它就不是文化。"③ 有数千年文明的中国具有强烈的观念优越感，"中国人通常带着二分的眼光看许多事物与现象。即我夏他夷、我文他野、我尊他卑"④。例如，倭仁说："且臣闻夏变夷，未闻变于夷者也。"⑤ 俞樾说："彼之智巧日出而不穷，而我乃区区袭其已成之迹，窃其唾弃之余，刻舟而求其剑，削足以合其履，庸有济乎？"⑥ 王闿运说："……又况陆地作战，船炮无施。海口遥攻，登岸则困，蹶而击之，我众敌寡，以百攻一，何患不克！"⑦ 所以外国学者和观察者们才感叹中国的"保守势力是如此强大，旧秩序的传

---

① 《光绪朝中日交涉史料》卷十，第2页，文海出版社1970年版。

② ［美］乔伊斯·阿普尔比、林恩·亨特、玛格丽特·雅各布：《历史的真相》，刘北成、薛绚译，第18页，上海人民出版社2011年版。

③ ［法］费尔南·布罗代尔：《论历史》，刘北成、周立红译，第208页，北京大学出版社2008年版。

④ 闾小波：《近代中国民主观念之生成与流变——一项观念史的考察》，第107页，江苏人民出版社2012年版。

⑤ 《大学士倭仁奏》同治六年二月十五日，《筹办夷务始末》（同治朝）卷四十七，第24页。

⑥ 李元度：《天岳山馆文钞》卷三十六，第30～31页，上海古籍出版社1995年版。

⑦ 王闿运：《陈夷务疏》，《湘绮楼文集》卷二，第9页，上海广益书局民国九年（1920）。

统是如此根深蒂固”①。因此，近代中国借鉴的是技术，抵制的是文化；借鉴的是军事，抵制的是制度；借鉴的是军舰，抵制的是观念；借鉴的是流动在社会表层可视的物质，抵制的是沉淀在社会河床的恒久的精神。近代由器物而制度再到文化改革的漫长过程体现了中国从文化心理上的自负跌落到自卑后重构自信的艰难和痛苦，这条亦步亦趋的改革路径是古老中国走出传统社会秩序及其价值观念误区的历程。总之，近代中国的统治阶层、思想精英在士与官、学与术、文与武的纠结摇摆之间构建近代化伟业，聚焦在海洋观念上便愈发凸显了大陆与海洋、传统与现代、中国与西方的矛盾与选择，成为古老民族面对危机时自我突破和超越的聚点。“愿意的人，命运领着他走，不愿意的人，命运拖着他走。”②

2.3.3 激进与滞后：思想界与决策系统的矛盾

思想界的视野在未来，政府决策关注的是现实，二者之间的良好互动与合作推动着社会前行，但是二者之间的不合与断裂会造成社会的失衡甚至崩溃。“在到达文明的过程中，必各有应尽的职责。如政府要维持社会秩序，实行当前的措施；学者应该瞻前顾后，策划未来……政府的作用，譬如外科手术，学者的理论，譬如养生方法，其效果虽有缓急迟速之不同，但对人的身体健康都是同样不可缺少的。现在论政府和学者的作用虽然说一个是为现在，一个是为未来，但是都有其重大功用，对于国家同样是不可缺少的。最重要的是，政府和学者的作用切不可丝毫互相抵触，必须互相合作，互相鼓励，共同为文明进步而努力。”③ 特殊的危机时刻二者的周密配合更为重要，但是，思想界的觉醒和决策层的沉睡，思想界的激进

① ［美］拉尔夫·尔·鲍威尔：《中国军事力量的兴起》，陈泽宪、陈霞飞译，第4页，中国社会科学出版社1979年版。

② ［德］奥斯瓦尔德·斯宾格勒：《西方的没落》，江月译，第411页，湖南文艺出版社2011年版。

③ ［日］福泽谕吉：《文明论概略》，北京编译社译，第58页，商务印书馆2010年版。

与决策层的滞后贯穿近代中国的改革，因此就陷入了思想观念在精英层循环传播的困境，上演了一幕幕令人扼腕的历史悲剧，也因此一次次痛失改革的良机，将越来越沉重的包袱留给了后来者。

在空前民族危机的背景下从事学术引进与传播，必然带有一定的激进色彩。清末在海军军事学术界产生了一种“海军至上主义”倾向，以为只要有了强大的海军，就能取得强大的海权，就能解除国防危机。不少人超出客观条件，急切拟定大而空的海军发展规划，缺乏可行性。以经费为例，当时学术界提出的建立25万吨规模的巡洋舰队计划，开办经费就约需4亿元（约合白银2.88亿两），而清政府的年度财政收入总数也不过1亿多两，加上沉重的战争赔款，已经是严重的入不敷出。宣统元年（1909年）清政府提出七年海军发展计划，其经费预算总共不过1800万两，度支部和各省便皆难以应付。由此可见学术界的主张与客观可能性之间所存在的差距之大。[①] 清末学术界的激进与清政府决策系统的迟滞，形成鲜明的反差又造成了恶性循环。当学术界发现了马汉的“海权论”，并进而主张采用这种理论指导海军建设时，他们往往希望改革能一步到位。而另一方面，清政府却又以学术界的偏激为借口，对改革采取一种敷衍态度，缺乏应有的主动性和积极性。学术界有感于清政府的滞后，反过来便变得更加偏激和绝对，形成一种非良性循环。这就使得“海权论”的学术讨论主要集中在少数知识分子、海外留学生和为数不多的官员之间，从而使得本就没有在中国系统完整传播的“海权论”成为阳春白雪，只是在一些精英层中循环传播，而清廷统治者以及大多数官员没有触及这一理论，马汉的“海权论”并没有在中国广泛普及和应用。从清政府的各种谕旨、大臣们的各种奏折中根本没有专门论述马汉海权论的文字这一事实看，完全可以推断出这一点。[②] 晚清海防思想进步相当缓慢，每一种相对比较先

---

① 参见杨国宇：《近代中国海军》，第1133页，海潮出版社1994年版。

② 参见周益锋：载《史学月刊》2006年第4期。

进的思想从提出到得到朝野人士的基本认可大约需要经历几十年的时间。[①] 思想界关注未来，所以具有强烈的前瞻性，政府重视现实，所以讲求浓厚的实践性，而在危机时刻，思想家更加充满危机意识地超前展望和设计，政府则极力在维持现状的前提下进行有限改革，因此，超前的更激进，停滞的更保守。这种思想界激进与决策层迟钝的矛盾既影响观念的深化和传播，又影响政治改革的推进，是一个两败俱伤的历史结节。

① 参见王宏斌：《晚清海防：思想与制度研究》，第 319 页，商务印书馆 2005 年版。

3 海洋观念主体：政治、思想、军事的多重合奏

人的思想和意图牵动和主导着事态的发展。观念的流变离不开观念的主体。在历史的三岔口，第一位的责任是政治精英，第二位的责任是政治精英的候补，即以观念形态参与制度选择的知识分子。[①] 政治家与军事家这些历史活动的践行者们对于历史起到了重大的作用，正如斯宾格勒所说："归根结底，唯有活跃的人、拥有命运的人，才能真正生活在现实世界中，生活在军事的、政治的、经济的决策世界之中。在那里，概念和体系并不重要，或者并不算数。在那里，一次机敏的打击比一个睿智的结论更加重要。"[②] 政治家的实践改变了世界，思想家的思想预知了世界。思想家的敏感性往往既表现在知识层面，也表现在社会层面。传统中国的海洋行动没有凝结为海洋思维，近代知识层和政治家的海洋观念有了超越时间和空间的转型，近代中国的海洋观念因为凝聚了政治家、思想家、地理学家和留学生的智慧而呈现出了多维立体、丰富生动的思想图景。当然，虽然这种思想图景呈现了前所未有的丰富和深刻，但是在内陆政治集权体制和经济制度下，即便热闹一时，也终究是昙花一现。

---

① 参见［美］柯瑞·罗宾：《我们心底的"怕"：一种政治观念史》，叶安宁译，第8页，复旦大学出版社2007年版。

② ［德］奥斯瓦尔德·斯宾格勒：《西方的没落》，江月译，第15页，湖南文艺出版社2011年版。

3.1 政治家的海洋观念：思想、计划与行动

中国社会的文官选拔制度造成了文官的绝对优越性地位，因此，这个群体承载了政治、经济、军事、文化等全方位的责任，中国历史上文官指挥战争和引领军事改革的例子不胜枚举。近代中国处在亡国亡种的边缘，西方以战争的方式打开了中国的大门，古老中国面临的最直接的冲击就是军事打击，因此，军事改革成为了社会改革的先行军，军事改革重任也自然而然地落在了政治家的肩上。尤其是在近代军事学群体尚未发展成熟的时期，几乎是政治家完全主导了军事改革。

如果说近代中国社会是多米诺骨牌，那么军事就是第一张，在面临西方的战争冲击时，军事的败退给中国社会带来了一系列连锁反应。挽时局则必须从军事改革开始，而入侵者从海上来，近代的军事改革就从海军开始，这对于一个大陆性国家而言是一个重大的挑战。曾国藩、左宗棠、李鸿章等推动和主导了海防改革，尤其以李鸿章的改革理念在历史上起到了决定性的作用。曾国藩和左宗棠都是在海防的技术引进和人才培养两方面有先进的理念并付诸实践。在曾国藩大力支持下，1865 年由李鸿章创办了中国第一个近代化军事工业制造机构——江南制造总局。曾国藩还主张设立翻译馆，翻译西方科技书籍，倡议培养人才，挑选幼童出洋学习军政、船政。[①] 这些超越了单纯学习技术的思想和行动决定了当时海防发展的高度，为后来继承者奠定了理论和实践基点。左宗棠本着“自强莫先于防海”[②]的信念，他在 1866 年筹建的福州船政局不仅是一座制造轮船的工厂，而且是一个培养海军人才的基地，开启了海军教育的先河。[③] “与曾国藩、左宗棠等人相比，李鸿章的‘师夷’

① 参见《曾国藩全集》奏稿十，第 6091～6093 页，岳麓书社 1990 年版。

② 《海防档》乙，福州船厂（一），第 16 页。

③ 参见《左文襄公全集·奏稿》卷二十，第 67～68 页，文海出版社 1979 年版。

思想起步较晚，但起点较高，一开始就主张把‘师夷’与‘变法’联系起来。”① 李鸿章的海防观念在于从战略的高度对海防问题进行宏观认识和筹划，对福州船政局和江南制造总局的造船事业一直非常关心，对派遣幼童赴美国留学和拟议中的派遣船政学堂毕业生赴欧洲深造的计划给予了大力支持，并积极参与其事。尤其是当保守势力攻击造船事业时，李鸿章更是挺身而出，据理力争，他既有海防观念也认识到了海洋蕴藏的巨大利益。李鸿章是晚清最有影响力的政治家，他将改革思想化为计划并付诸行动，完成了思想、计划和行动的合一。他的海防观念具有军事内涵和经济思考，在海洋防守中萌发着最早的海权观念，这些观念随着改革实践的展开而逐渐开始渗透、传播，这种影响是历史性的，并不会在甲午失败的战火中褪色，反而随着历史推移越来越清晰。李鸿章在“知”与“行”的结合中承载历史责任，在同时代人中成就最显著。当然，思想家“知”而缺少“行”的机会和平台，而政治家的困境是有“行”的平台和机会，但是在大的现实背景中，受到制度、人事等束缚，并不能真正按自己的意愿而“行”，“知”的纵深度受到影响而难以推进。更何况曾国藩、李鸿章、左宗棠等是在士与官、学与术、文与武、新与旧、陆与海之间的纠结摇摆中开始中国的近代化，其间滋味几人能知。再回首晚清改革的举步维艰，不禁令人扼腕。“19 世纪留下的历久不衰的一个教训是，人类行为总是发生在制度和文化的结构——强有力、无所不在、隐而不现的结构——范围之内……社会结构不能决定人的行为，却会在每一时刻限制着人可能作出的抉择。即使社会结构本身遭受变迁的冲击，其约束力依然存在。”② 也正如斯宾格勒所感叹的：“对于在时代潮流中形成又消解下去的心灵，对于其力量和持续力，对于其方向和目标具有一种准确而透

① 海军军事学术研究所：《中国海防思想史》，第 150 页，海潮出版社 1995 年版。

② ［美］乔伊斯·阿普尔比、林恩·亨特、玛格丽特·雅各布：《历史的真相》，刘北成、薛绚译，第 262 ~ 263 页，上海人民出版社 2011 年版。

彻的洞察力，这是政治家的特点。即便是这样，究竟他是一个可以控制它们的人还是反被它们所左右的人，这仍然是一个偶然问题。”①

如果说晚清的海军改革这项开创性的事业却终被现实所困，那么孙中山的海军改革梦想又重演了历史。孙中山由感性而理性、由单一而多元的海洋观念直接影响了当时中国海军的建设和观念的传播。1878 年孙中山“负笈外洋”，“始见轮舟之奇、沧海之阔，自是有慕西学之心，穷天地之想”。② 这是最直观的感受，随着对海洋认识的理性程度的深化，孙中山深刻意识到海洋与国家发展的关系：“自世界大势变迁，国力之盛衰强弱，常在海而不在陆，其海上权力优胜者，其国力常占优胜。”③ 他在 1912 年 12 月给逝世的中华民国海军部首任总长黄钟瑛的挽联中写道：“尽力民国最多，缔造艰难，回首思南都俦侣；屈指将才有几，老成凋谢，伤心问东亚海权。”第一次世界大战结束后，孙中山敏锐地察觉到：“欧战告终，太平洋及远东为世界视线之焦点”，“何谓太平洋问题？即世界之海权问题也”。④ 在此，孙中山将自己的海权忧患表达得淋漓尽致，深刻的忧患意识也就直接影响了他的海军建设理念和计划。他认为海军建设决定着国家和革命的命运。“向来革命之成败，视海军之向背。”⑤ 孙中山还进一步阐述了建立强大的中国海军的意义：“海军实为富强之基，彼英美人常谓，制海者，可制世界贸易，制世界贸易者，可制世界富源，制世界富源，可制世界，即此故也。”⑥ 在他拟定的《国防计划纲目》中，同海军建设直接相关的可分为 4 大部分：海军的一般建设，建造舰械，训练人才，建筑军

① ［德］奥斯瓦尔德·斯宾格勒：《西方的没落》，江月译，第 16 页，湖南文艺出版社 2011 年版。

② 《孙中山全集》第一卷，第 25、47 页，中华书局 1981 年版。

③ 《孙中山全集》第二卷，第 564 页，中华书局 1982 年版。

④ 《孙中山全集》第五卷，第 119 页，中华书局 1985 年版。

⑤ 《孙中山全集》第四卷，第 132 页，中华书局 1985 年版。

⑥ 《中山先生之海军观》，《海事》第七卷，第二期，第 89 页。

港。孙中山的海军建设计划，将世界列强各国建设海军的舰械、人才、军港等因素都考虑进去，专门列条计划。孙中山与李鸿章相比，共同点都是在海权和海军建设上投入了极大的关注；不同之处在于，由于马汉“海权论”在中国的传播、孙中山个人成长经历以及世界发展的态势等因素，孙中山的海洋观念已经有了清晰明确的海权观念，以及更为丰富的具有经济政治含义的海洋观念。在《实业计划》中，孙中山制定了全面建设中国海洋事业的宏伟规划：“建设近代化港口，发展航运业和造船业，实行门户开放，发展海外贸易。”① 这个规划虽然不尽合乎国情，不无认识上的偏颇，但是在海洋观念上不仅和传统中国的重陆轻海观念决裂，而且走得更远，同时在计划上已经和西方发达国家保持同步。后来者蒋介石虽然基本承继了孙中山的海洋观念，但是在内战中海洋思想、计划和行动显然受到限制，这一点在“观念与行动同进退：国防破碎中的海洋观念”一节中有详细的论述。正如布罗代尔所说的：“历史也造就人，规范他们的命运；它在深层处起作用，而且通常是默默地起作用。”②

3.2 地理学家的海洋观念：在地理与政治之间

中国古代思想家管仲说：“地者政之本也，是故地可以正政也。”人文地理学家都认识到：“不管是否喜欢，地理学和其他社会科学都承担着社会责任和道德责任。”③ 哈维的观点更为直接：“地理学者必须实践政治学，而政治家必须参与实践地理学。”④ 对于近

① 杨国宇：《近代中国海军》，第 894 页，海潮出版社 1994 年版。

② ［法］费尔南·布罗代尔：《论历史》，刘北成、周立红译，第 11 页，北京大学出版社 2008 年版。

③ ［英］R. J. 约翰斯顿：《哲学与人文地理学》，蔡运龙、江涛译，第 222 页，商务印书馆 2010 年版。

④ ［英］R. J. 约翰斯顿：《哲学与人文地理学》，蔡运龙、江涛译，第 196 页，商务印书馆 2010 年版。

代中国来说，政治家与地理学家二者都自觉或不自觉地进行着对方的专业实践，人文地理学家责任沉重，负载着地理与政治的双重使命。由于近代中国面临前所未有的边疆和海疆双重危机，因此，应救亡而生，应危机而成的近代地理学成为最早具有现代意义的学科，被称为“先行学科”。它所蕴含的政治意义和所承载的民族责任不言而喻。地理学家的海洋视野因此融合了政治文化而超越了地理属性，同时他们对海洋的政治解读较之政治家和思想家显得更具有专业性，更能弥合地理与政治之间的缝隙，因此显得尤为珍贵。其中，以著名地理学家张其昀为例，他既是在地理学专业视野与政治致用情怀之间考察海洋观念，也是在西方地理学学科与中国新地理学精神关照中思考海洋观念。张其昀的海洋观念在他倡导的地理学实地研究、解释、批评与致用四种新精神之下更具科学性和前瞻性。我们可以看出一个具有史学、哲学、经济学、政治学多学科背景的地理学家的终极关怀，更可以清晰地看到，人文地理学家的智慧在追求准确，心灵在找寻意义。

3.2.1　海战与海权的思考：实地研究与历史解释的时空结合

张其昀作为人文地理学家，从实地研究与历史解释两方面阐发海权观念，将空间考察与历史思考完美地结合起来，在时间与空间之间给出了自己的答案。对于信仰科学的学者来说，“星辰没有感情，原子没有必须顾及的焦虑。观察是客观的，科学家不必费什么力就可以做到这一点”①。张其昀的海权观念，却不仅有客观的科学性，还有温情广博的人文性，更有深切关怀的民族性。

通过对空间分布、空间结构和组织以及空间关系的准确定量描

---

①［美］乔伊斯·阿普尔比、林恩·亨特、玛格丽特·雅各布：《历史的真相》，刘北成、薛绚译，第18页，上海人民出版社2011年版。原文出自《美国大学教授联合公报》（Bulletin of American Association of University Professors，1948），转引自罗伯特·普罗克特（Robert N. Proctor）：《价值中立的科学？现代知识的纯粹性与权力》（Value－Free Science? Purity and Power in Modern Knowledge，Cambridge，Mass. 1991），第176页。

述，可以建立具有前瞻性洞察力的准确概括。[①] 实地研究是地理学最重要的方法，是对文本知识的重要补充，如果缺少实地研究，纵使博览群书，也只算半个学者。“夫地理之学，职在表达地面上实际情形；图书虽极优美，顾其所载天然景象，终难免于隔膜。”[②] 张其昀反复强调史学和地理结合，时间和空间结合的观点：“时空二者有不可分离之关系”，“时不离空，空不离时，史地二学，一以知古，一以知今，互为经纬，相辅相成”，“知今而不知古，亦何能明宇宙之真相”。[③] 这与许多学者对于地理与历史关系的解读是一致的：“没有地理的历史，是一幢没有地基的建筑。”[④] 卡尔·李特指出，在人文地理学中自然不是唯一的原因力量，人类本身也是地球表面上改变生活的因素。因此，自然和人类——按李特的说法是“自然和历史”——是两个永远结合在一起的条件，地理学家的思考应当时时地向着这两者之间。[⑤] 张其昀深切认识到历史演变和空间背景是打开地理学通向经世致用之门的钥匙。

张其昀在《日本明治维新时之建国方略》《甲午黄海战役回顾谈》等历史文章中，分析日本的国势发展是由于它的海上活动，其“大陆政策”是以雄厚的海权为后盾的。并且将日本的海军演进分为三个时期：第一期是与中国海军争霸而胜；第二期是与俄国海军争霸而胜；第三期是与英美二国争霸。“东北与南洋为我见过时期民族发展最有希望亦为国际关系最为纷繁之二区域。东北为中华民族之生命线，南洋则为吾民族之第二故乡，此二区域虽距离遥隔，

① 参见［英］R. J. 约翰斯顿：《哲学与人文地理学》，蔡运龙、江涛译，第 222 页，商务印书馆 2010 年版。

② 张其昀：《地理学之新精神》，载《史地学报》第二卷，1923 年。

③ 张其昀：《近二十年来地理学之进步》，载《地理学报》第二期，1935 年。

④ 这是弗朗西斯科·豪尔赫·托雷斯·维也加斯在《历史—科学地图，即西班牙各阶段的西班牙地图》中的观点。转引自［西］胡安·诺格：《民族主义与领土》，徐鹤林、朱伦译，第 4 页，中央民族大学出版社 2009 年版。

⑤ 参见［法］阿·德芒戎：《人文地理学问题》，葛以德译，第 4 页，商务印书馆 2007 年版。

实则利害一致，互相保障。日本之大陆政策与海洋政策原如刃之两面，不能分离。南进北进张弛往复，迭相为用。在一九一八年之时，日本早已决定海陆并进之策略，程序容有缓急，本质绝无异致。南洋与我华侨有切身利害之关系，日本南进直为削弱中国之另一手段，进攻中国之别一途径，失南洋何异于失东北？当东北事变发生以后，与九国公约有关之欧美列强，大率壁上坐观，唯恐开罪于日本，此种自私姑息与短视，至今业已证明为严重之错误。自日本宣布所谓大东亚新秩序系包括南洋各地，又与德意签订三国同盟，进兵越南，觊觎泰国，威胁新加坡，于是与南洋有特殊关系之英美荷兰诸国始一致认清事实之真相。所谓南进北进，喻如鸟之两翼，苟非折其一翼，则无由遏止其侵略狂焰，由是乃有 ABCD 四国联防互保之建议。就中国言之，南洋各地任何一处之存亡得失，要莫不与我数百万侨胞之生存利益息息相关，直接影响于抗战之力量，间接影响于建国之前途。凡我国民均宜深切觉悟，欲增进南洋华侨之地位，必先恢复东北失地，以重振祖国之威望。反之，欲图恢复东北失地，又必须保卫我南洋数百万华侨之根据地，以期对于祖国抗战大业作更伟大之贡献。作者本其旨趣，爰就政治地理学之观点，就东北与南洋可相提并论之处，陈述大意，着为是篇……东北四省之失地占全国面积百分之十一点五，丧失人口占全国人口总数百分之八。东北大陆世人多以北美新大陆比之，其人口增加之速，殊堪惊异。”① 这里既有将东北与南洋的大陆与海洋合一的地缘视野，又有深刻的历史分析，将日本的入侵意图和走向从地理上剖析得宏观而透彻，也为中国在东北和南洋的地缘准备和反击提出了对策和方略。

在《东北之黄渤二海》中，张其昀运用地理学的实地研究和历史学的时域方法阐述海战、海权的特点，非常清晰。首先，他从地理学专业角度实地研究了六个方面：一是概说；二是海面，包括黄

① 张其昀：《东北与南洋》，载《史地杂志》第二卷，第一期，1942 年。

渤二海的深广度、渤海的成因、黄海和登州海峡的成因；三是海岸，包括辽东湾西岸、旅大租借地、黄海沿岸；四是海岛，包括长山八岛、菊花岛；五是海波，包括海水温度、波浪、潮汐、海景；六是海权，包括领海、渔权。他对海权做了专业性的定义："领海与领空领陆同为国家主权所及之地。领海界线关系于军务税务渔业等项极为重要。各国领海系自由规定，英美德法及日本均定为三海里，此外有定为四海里或六海里者，最近苏俄定为十二海里……我国自海禁大开，各国兵舰商轮即自由来往，对于中国之领海主权，任意蹂躏。中国政府习焉不察，对于国际间应享之权利，竟自甘放弃，连领海界线，亦未规定……民国二十年，政府已有布告，领海范围规定三海里，缉私界程定为十二海里。"① 同时，他还以历史的视野来考察海权问题，在谈到旅大租借地的时候说："貔子窝在军事上极重要，五百年前有坚固堡垒以御倭寇。中日之战和日俄之战，日本军队均在貔子窝附近上陆。貔子窝自清初以来，本为黄海方面帆船出入之要港，有长山列岛环列其外，北方有高岗可遮断北风，潮涨时大船可以停泊，潮退时则搁浅于高燥的沙滩中。"② 这些研究都符合张其昀自己所倡导的地理学新精神。"地理学始于观察，而以'解释'（interpretation）为要义，此新地学之所以别于从前'叙述的地学'也……自古迄今，江山如故，而文化日启，则人类之改造环境，明效大验矣。"③ 清晰的科学眼睛面对自然时会变得透彻，这全是实验和数学的精准方法使然。人类在时间中发展，为了理解这种发展，历史的证明和自然规律的认识对于人文地理学来说是必需的。④ "'活动'（activity）与'关系'（relationship），为现

① 张其昀：《东北之黄渤二海》及《东北之黄渤二海》续，载《四海》1932年第1、2期。

② 张其昀：《东北之黄渤二海》，载《四海》1932年第1期。

③ 张其昀：《地理学之新精神》，载《史地学报》第二卷，1923年。

④ 参见［法］阿·德芒戎：《人文地理学问题》，葛以德译，第13页，商务印书馆2007年版。

今地学之二大原则。此种新理，要皆本于‘宇宙一统’（terrestrial whole）之观念。是故地学解释深得他种‘地球科学’（earth science）之助力……布仑氏（Brunhes）尝谓人文地理学者，若于史学，经济学，哲学，无深切之修养，殆卑不足道也。”[①] 由此可以看出张其昀将自己划归为人文地理学家，并且自觉地以多学科眼界完成人文地理学家的事业。

中国的地理学家与其他国家的地理学家相比有一个最鲜明的特点，那就是浓烈的历史情结和高超的历史素养。直到20世纪80年代西方社会学家才真正认识到这一点。如安东尼·吉登斯认为：“现在需要承认空间和实践是提出一种社会理论的基础条件。从历史学的角度，人们现在也以肯定的态度承认，绝对需要认真对待历史事变的空间向度，认为这是一个方法论问题。”[②] 而这种时间与空间维度结合的研究方法，作为中国地理学的传统学风悠长绵延。从明代地理学家徐霞客的《徐霞客游记》到清代李培辑的《灰画集》，再到达到古代军事地理顶峰的顾祖禹的《读史方舆纪要》，等等，都可以清楚发现，历史视野贯穿于整个地理学论述，彰显了中国地理学家的历史地理学风格和情怀。张其昀毫无疑问自觉地传承着这一学术传统，同时，加入了现代地理学的科学精神和技术。张其昀在空间与时间之间构建的海洋观念正印证了斯宾格勒的那句话：“有意识的人类内心存在着一个双重的问题，即醒觉的问题与存在的问题，或者空间的问题与时间的问题，或者作为自然的世界的问题和作为历史的世界的问题，或者是节奏的问题和张力的问题。”[③]

3.2.2 海洋与建都之争：南京还是西安、北京

“天子守国门，君王死社稷”，这个国门的选择，就是当时集军

---

① 张其昀：《地理学之新精神》，载《史地学报》第二卷，1923年。

② ［西］胡安·诺格：《民族主义与领土》，徐鹤林、朱伦译，第18页，中央民族大学出版社2009年版。

③ ［德］奥斯瓦尔德·斯宾格勒：《西方的没落》，江月译，第11页，湖南文艺出版社2011年版。

事危机重心、政治发展中心、文化交流中心于一体的综合之地。喀尼士（Carnish）认为，一国首都的地位，常与敌人侵略的方向相针对，必在国防第一道防线之内，因首都近敌，平时便于应付，战时便于调度，且不欲示弱于人。①

西安在渭河下游平原中部的南侧，“八百里秦川”东南靠近秦岭山脚前向北延伸的白鹿原、少陵原、神禾原，形成可靠的地理依托，历史上周、秦、汉、隋、唐诸王朝的都城就先后选建在此。北京具有连接中原、东北平原和蒙古草原三大地域单元的地理位置优势，辽、金这两个东北民族以北京为首都既可以保持对汉地的统治，又不远离其发祥地，崛起于漠北的元朝建都北京也是看中了它的地理位置。南京位于长江下游，是承东启西的枢纽之地，是“六代帝王国、三吴佳丽城”的金粉之地，先后有东吴、东晋，南朝的宋、齐、梁、陈等王朝在南京建都。总之，南京、西安、北京都是历史古都，都曾经作为中国的“国门”在对外御敌和经济文化发展中起到重要作用，但是，“17 世纪满族人入关，逐步统一全国，是长城边疆上起伏不定的、自上古以来即对中国历史发生决定作用的潮流的最后一浪。到了 19 世纪，从海上涌进中国的势力已不可抗拒”②。近代中国面临“千年未有之变局”时，哪个城市更具有地理和政治的优越性呢？当时的政治家、学者都对这个关系国家命运的问题进行了深入的思考。张其昀更不例外。

“地理学是一个完整科学的一部分，专注于双方（社会过程为一方，自然环境和空间关系为另一方）之间的辩证关系。”③ 张其昀自小就深受浙东史学“经世致用”传统的影响，有着强烈的“致

① 转引自贺昌群《再论历代建都与外患及国防之关系》，载《思想与时代月刊》1947 年第 42 期。

② ［美］拉铁摩尔：《中国的亚洲内陆边疆》，唐晓峰译，第 3 页，江苏人民出版社 2005 年版。

③ ［英］R. J. 约翰斯顿：《哲学与人文地理学》，蔡运龙、江涛译，第 194 页，商务印书馆 2010 年版。

用”情怀和“救世”观念，他始终将学科视野与强烈的“经世致用”情怀相结合。对于张其昀来说，人文地理学家的经世情怀是一种学术本能和精神追求。“纯粹科学研究与夫经世之业切于实用者，地理学家之心胸，废一不可。人类依地球为生，所以求其澈底了解，无非欲谋措施适宜，造福人群耳。民族文化之优劣，亦将视其能否制裁环境而定也。即如黄河为患，民不聊生，则农田水利，最当讲求。又如发明富源，利用厚生；开拓市场，调剂盈虚；使欲必不穷乎物，物必不屈于欲，两者相持而长。是则研究经济者应有之抱负也。地理学家之大任，尤在倡导国际正义。夫帝国主义无他，侵略土地耳，竞争空间耳。人文地理学者，最宜旁贯史乘，周知四国之为；凡国际间重大问题，一一探其背景，推其因果，本同情与了解，以期排难解纷。盖真相既明，然后大公至正之世界观可得而立也。复以交通之方法，使全世界之经济分配得均，互相协作；以教育之方法，使天下之人，皆有忠恕之行为，永久之计划。吾敢谓儒家平天下之理想，当即为新地学家之理想也。”① 他强调纯粹科学与经世致用二者缺一不可，认为儒家平天下的理想也是新地理学家的终极追求。

1941～1947 年，钱穆与张其昀之间关于建都问题进行了讨论，张其昀主张建都南京，与钱穆主张建都西安针锋相对。“虽然中国有过多个不同的首都，但在大部分历史时间里它们都位于北方，反映出中国的大陆性取向和侧重。”② 因此，定都南北之争实质上也是海洋性文化与大陆性文化之争。作为人文地理学家，张其昀明确表示要“以海国精神谋求中国未来之发展”。早在 1927 年，张其昀就在《东方杂志》的文章中表示：“民国元年，孙中山力争国都之地点，岂唯所以谋国内之改造，抑亦所以谋海外之发展也。扬子江为

① 张其昀：《地理学之新精神》，载《史地学报》第二卷，1923 年。

② ［美］索尔·科恩：《地缘政治学——国际关系的地理学》，严春松译，第 267 页，上海社会科学院出版社 2011 年版。

世界最完美之水道，而为中国之动脉，建都于此民族生活之大动脉，足以调剂南北之平，全国之福，莫过于此。”[①] 1941 年，钱穆致信张其昀，问询孙中山先生在世时说建都必在南京的可凭证的文献是什么，虽然自己久抱国都必迁北方的私见，但还是请张以孙中山先生意定都南京的历史凭证以及张地理学方面的见解来谈建都问题。张其昀回答孙中山的《建国方略》一书是主要依据。《建国方略》分为三部：心理建设、物质建设、社会建设。在心理建设部分中，孙中山先生的主张有三条：一则袁世凯必须在南京就职；二则民国须迁都南京；三则谓共和政府乃国民所公选，非满清所授予。这三件事是孙中山不惜以死力争的。张其昀指出自己细读孙中山的著作发现，孙中山先生一方面是富于大陆雄伟的精神，一方面又富于海国超越的意量。论建国大略一方面是注重大陆的开发，一方面又注重海外的发展，所以详细考察地势，在沿海一带选择了三处拟建设第一流的世界港，即北方大港、东方大港、南方大港，以作为海陆二大主流会合之所。扬子江为中国经济人文的大动脉，海洋潮流直达于南京城下，南京是河港兼海港，在此地建设首都，对沿海三大港口有居中控驭之势。大江以北的铁道网以浦口为焦点，大江以南的铁道网以下关为焦点，在浦口下关间筑隧道以沟通南北，这是全国陆运辐辏的要点，也是远洋航路的出发点。张其昀还指出明初郑和航海的造船厂就在下关附近。因此，南京既是经济计划的中枢，也是国防计划的顶点，这是孙中山宏伟的理想也是建国最高的义谛。[②]

首先，详细论述了南京的地理经济优势。孙中山在《实业计划》中称：在世界大都市中诚难觅如此佳境也。张其昀进一步以地理学家的视野来论述南京的海洋地缘优势，认为南京有高山、有平原、有深水，三种天工统一为一处，在世界首都中都没有可以相比

① 张其昀：《中国之国都问题》，载《东方杂志》1927 年第 9 期。

② 参见钱穆、张其昀：《论建都》，载《思想与时代月刊》1941 年第 5 期。

的。在中国仅有重庆、广州两处差可比拟，但是它们在规模壮阔上却无法与南京相提并论。抗战以前中央税收中，沿海六省所收的国税占全国的百分之八十，长江区五省约占百分之十五，黄河区五省只占百分之五，西南四省占百分之二。这种现象为我国经济重心偏于沿海区域的反映。南京将来的发展也不可限量。中山陵所在更是给国民以精神上的启示。那么北伐成功，定都南京，是符合孙中山生平夙愿的。张其昀还就钱穆建议定都北方的观点进行了讨论。首先肯定钱穆着眼于东北问题，关注山海关与鸭绿江的视角，以及认为北方的门户锁钥不能轻易移置的观点。但是张其昀强调评论国事必须统筹全局，并再次指出东北和南洋是建国时期民族发展最有希望也是国际最为纷繁的区域，东北是中华民族的生命线，南洋则是民族的第二故乡。这两个区域虽然相隔遥远，但是实际上利害一致，互相保障。新中国的建设必当注意东北与南洋。日本的“大陆政策”与海洋政策如同刀刃的两面，不能分离。中国在明代以后海运制度废弛，倭寇乘虚而入成为大患的原因正是我国的海权旁落。所以我国的国防应该海陆并重。今天北门的锁钥是否还在北平这一点，孙中山先生在《实业计划》中已经否定了。北平建都以大运河为根本，所谓合东南之漕米与西北之戎马而荟萃于斯，但是在今天两者都失去了时代性。北平只有凭借历史传统可以作为教育学术与美术工艺上的中心，但是却无法追步南京。南京可以统摄海陆的防务，可以兼顾东北与南洋，它与英国的伦敦，美国的纽约海道航程相等，在世界地图上也处于优越的地位。①

其次，从国防上谈建都南京的地位。张其昀认为首都的地位是一切国防计划的先决问题。历史上国都的位置是与敌人的进攻方向针锋相对的，且位于国防线之内。这就是建立国威而不示弱于敌人。至于其他的条件，如国都常为经济中心交通中心以及形势的险固等属于次要考虑的。南京是中国的古都又是新都，古今比较，建

① 参见钱穆、张其昀：《论建都》，载《思想与时代月刊》1941 年第 5 期。

都的原理同而形势不相同。古时的南京建都内以长江为控扼，外以淮甸为藩篱。今日之南京，以舟山群岛为第一道防线，杭州湾为第二道防线。古代防御的目标为南下的铁骑，今日的目标为东来之战舰。如果仍然以南渡偏安的旧说来衡量民国的新都是时代错误。张其昀还进一步阐述建都南京在海洋观念与海军建设方面的意义。指出中国海军落伍，南京并不是国防上的安全区域，但是理想是事实之母，应该排除困难而为之。有理想而后有信仰，有信仰而后有力量。分析甲午战争之时，中国海军为远东第一，日本仅为我之七成，但是我只有物质而没有精神，所以黄海一役舰船殁也。重振海军的根本问题在于海国思想与军人魂的发扬。在心理上如果示弱于人，则全部建国方略均将搁浅。不仅首都不是安全区域，三大世界港更是门户洞开。同时，张其昀也强调自己并不敢忽视大陆边防，因为中国的国土面积相当于欧洲全洲，所以军事重镇应该采取分区负责的制度，而不能限于一地。而首都的重要意义不在物质而在精神，即屹立于门庭重地，而表示大无畏之精神。物质虽有时为敌人所摧毁，而中华民族巍然独立之精神则始终不能动摇。① 此外，他还从防空等方面论述了南京的有利位置。最后，张其昀展望未来，认为南京不仅是中国的政治中心，也将成为国际政治中心之一。

分析张其昀极力推崇南京为首都的地理、经济和政治原因，追根溯源还是南京开放的海洋性特征吸引了他。如果说在1941年他与钱穆的《论建都》的通信中是把南京的海洋性特点放在地理、经济、政治中论述而略显零散的话，那么，在6年后他的《再论建都》中对南京海洋性特征的经济、政治效应和影响的阐述就已经非常成熟、系统，而且更加聚焦和清晰，将南京的海都特点阐发得淋漓尽致，并总结这恰恰是其他古都所无法相比的。他在阐释孙中山先生的建国方略和首都的要点时，将其概括为八条：全国性、世界性、水道系统、海上发展、土地利用、地下资源、工业化、大都

① 参见钱穆、张其昀：《论建都》，载《思想与时代月刊》1941年第5期。

市。其中他认为世界性、水道系统、海上发展、大都市这四条都与海洋性息息相关。在世界性中，他分析中国日后与世界交通有四大线路，南京的形势是扼南北两洋，兼顾三大世界港，自然会成为海陆辐辏、空运频繁的枢机重地。在水道系统中，他以地理学家的视角指出，现代经济建设以流域为天然单位，而长江流域人口达2亿，几乎占了全国人口的一半，世人称为“黄金航路”。展望将来三峡水力发展以后，上游水位提高，万吨巨舶可径驶重庆，距海口1400英里（约合2253千米）之遥，以言航运之畅达，世界罕见其比。扬子江下游之海潮，直达芜湖。分析至此，张其昀赞叹南京犹如泰晤士河上的伦敦，受海潮的冲洗，“海都”之名由此而来。这一点正是北平等古都不能与之相提并论的。在海上发展这一点中，更是强调海运的重要不亚于农工商业，并引用美国总统杰斐逊称海运是立国的四维的观点，指出国父孙中山的《建国方略》一书是最富于海国思想与海国精神的。中国的东北与南洋对于建国前途关系重大，南京作为海都居于中策，独具左右逢源、沟通国内南北发展以及国际对外交往的不可替代的价值。在大都市这一点中，张其昀指出孙中山主张在沿海建设海港，南京是黄金航道的交汇点，以此为枢纽对于建设新中国有振衣得领的形势。尤其是论述了定都南京的十大理由，进一步透彻剖析了南京的海都地位在日后国内国际发展中将发挥的作用。他引用刘禹锡的“山围故国周遭在，潮打空城寂寞回”来说明南京的海都地理位置，集中分析了扬子江的大动脉意义，南京在东北与南洋之间的沟通作用，南京与世界三大港的关系。针对主张建都北平的人士认为北平近临渤海也可称为海都的观点，张其昀反驳称，北平和南京有巨大的差别，扬子江称为黄金航路，南京是南北洋的中枢，北指辽海，南下岭海，北平则是偏于一隅，因此，南京可以胜任为太平洋时代的新首都，而北平则不行。[①]张其昀这一观点既得到“经世致用”精神的推动，也是人对地理环

① 参见张其昀：《再论建都》，载《思想与时代月刊》1947年第42期。

境的利用和影响理念的催发。正印证了阿·德芒戎的人对自然作用的观点："在人类存在的初期，人类当然是自然的奴隶，即依附者。但这个裸体和赤手空拳的人，由于其智慧和主动性，很快就成为对环境施加强大影响的一个因素……具有意志和主动性的人类自身，就是扰动自然秩序的一个原因。"① 张其昀的建都理论是地理学家的海洋视野与致用情操紧密结合的产物，超越了传统的大陆性文化眼界，为我们呈现了地理学家严谨的科学精神与生动的人文情怀完美合一的画卷。

3.2.3 海洋观念：民族主义与世界主义

近代中国民族主义与世界主义紧密相连，当且仅当中国自觉地步入世界，中国才能被设想成一个特定的民族。②

民族主义是张其昀对民族的海洋观念中的一条主线，时时进行阐发和论述，他在《东北之黄渤二海》中说道："距离海岸线三个海里以内，叫做领海，是独立国家主权所及的地方。'守山吃山，守海吃海'算是中国的古话……至于海港为对外贸易的门户，其价值更不待言。国家的主权包括海权在内，所可痛惜的，我国海权丧失很多。旅顺大连是北方的良港，既租借于俄，又转租于日，日满期以后，仍强借不归……这显然是侵犯中国的海权。"③ 强烈的民族主义并不影响他宽广的世界主义。

张其昀在《地理与国际问题》中表示出对建立国际联盟和世界联邦国的热切向往，并提出以地理学训练世界公民的要领，显示出一个人文地理学家对人类的终极关怀。第一次世界大战以后，虽然民族主义仍然浓烈，但是世界主义的观念已经开始上升。"虽然，帝国主义与民族主义之冲突，固未见其能涤荡瑕秽，与民更始；特

① ［法］阿·德芒戎：《人文地理学问题》，葛以德译，第4页，商务印书馆2007年版。

② 参见［美］卡尔·瑞贝卡：《世界大舞台——十九、二十世纪之交中国的民族主义》，高瑾等译，第209页，三联书店2008年版。

③ 张其昀：《东北之黄渤二海》，载《四海》1932年第1期。

战后世界之新形势，确有异于曩日之所云者，则观念之改变是已。如威尔逊总统倡导国际联盟；英人威尔思君亦预言世界大联盟国建设之道。虽不能至，然心向往之。”[①] 张其昀表达了对世界主义心向往之的强烈情感。“英国恩斯德君（伦敦大学地学系主任）尝谓人文地理学上各民族之联合，其势恍如地文学上各大洋之会通也……顾亭林曰：天下兴亡，匹夫有责。审斯言也，各民主国所实现其世界公民（World Citizen）之资格者，当如何尽心尽力乎。”[②]这是承担天下兴亡责任的自我追问，实现世界公民理想的思考。解决的途径就是将自己的学科责任和知识分子的责任结合起来。首先，阐明地理学与世界主义的关系，指出当今国际上的重大问题想要得到正确的观念，都有赖于地理知识和地学原理。“地理则解释今日之世界者也。（The Interpretation of the Modern World，此 Baker 氏之名言）大战以来，地理学之重要益显。盖凡国际间重大问题，果欲得一正确之观念，莫不有赖于地理知识与地学原理为之根据。”[③] 因此，在这种世界形势之下，地理学与地理学者承担着莫大的责任。那么，如何才能用地理学训练世界公民的意识呢？张其昀强调了两个要领：事实的知识和心理的态度。事实的知识就是世界各地人民的生活境遇，如物质的环境，经济习惯与政治制度，社会风俗，以及民族的意识与理想等。他还将这些知识按照因果关系组织起来，然后给予特殊问题以确定的意义。心理态度就是按照中国传统的“亲仁善邻，国之宝也”的心态进行对外交往，以恳挚为交际，以光明坦白待友邦，以公理正义为凭依，以百折不挠之精神为国家尽力。这种心理态度就是同情的了解（Sympathetic Understanding）。张其昀不仅有着世界主义的理想和向往，而且将地理学与国际生活和世界主义结合起来，在学术和政治之间找到了一条沟通和实践的路径。这

① 张其昀：《地理与国际问题》，载《史地学报》第二卷，1923 年。

② 张其昀：《地理与国际问题》，载《史地学报》第二卷，1923 年。

③ 张其昀：《地理与国际问题》，载《史地学报》第二卷，1923 年。

不仅是地理学与世界主义的结合，也是科学理性与人文精神的交融，是地理学家自觉承担人类关怀的结果。

民族主义与世界主义在一般人看来是对立的，强烈的民族情感会对“天下一家”的世界主义产生心理排斥。实际上，中国近代民族主义的兴起，在总体上就是对中国传统天下主义的否定。19 世纪，中国人开始抛弃传统的“天下”观念而建立起一种全球意识，承认多元文化的存在。张其昀同时高举民族主义与世界主义两面大旗，既表现出政治理念和学术思想的鲜明特色，似乎也给人一种矛盾错位之感。应当指出，这种情况的出现，确实体现了一种当时人的矛盾心态。就张其昀而言，作为一个生活在20 世纪初叶的中国学人，目睹东西方列强的侵凌，日思夜想的是如何强国强种，必然具有强烈的民族主义情怀。而与此同时，19 世纪以康德为代表的西方哲学家呈现了世界公民的思潮，特别是在亲历第一次世界大战巨大灾害之后，又必然会涌起天下主义情怀，表现出对人类共同命运的终极关怀，倡导世界主义实不足为怪。就思想体系的内在一致性而言，民族主义与世界主义并提，也是完全可以理解的。在世界主义的框架下，不能见容的是极端民族主义，而不是平和的民族主义。张其昀因为主张世界主义，也确实使他的民族主义多了许多理性。另外，在坚持民族主义的同时倡导世界主义，也体现了对中华文化的一种自信，相信在世界主义框架内仍有中华文化的生存发展空间。“地球是一个整体，地球上的人类也是一个整体，只有把中国放到全世界这一大背景中，才能重铸起不是坐井观天式的，而是具有世界意识的自尊和自信。”①

3.3 留日学生群体：海权观念的启蒙与传播

近代许多知识分子在创办军事学期刊和军事学教科书、军事学

① 邹振环：《晚清西方地理学在中国——以 1815 年至 1911 年西方地理学译著的传播与影响为中心》，第 302 页，上海古籍出版社 2000 年版。

专著等方面做出的努力，使得军事学的构建和传播不仅成为现实，而且站在了一个较高的新起点。每当看到他们的文论时，总感叹在军事学上，历史往往把盛名留给了厮杀战场的勇者，留给了处在风口浪尖的政治伟人，而这些军事学术上的智者却被淡忘得那么轻松。这种贡献由于他们并不处于政治中心而被淹没在历史的尘埃中，如果说现实选择了让他们边缘化，那么历史绝不应该忘记。他们处于那个特殊的时代，在古今中西之间完成了西方军事学的传播与中国军事学的构建，他们的学术和思想也呈现了特殊的光芒。正如斯宾格勒所说："历史上存在的大事都是由宇宙级的存在，即民族、军队、阶级、党派来进行的，然而才智的历史却是在松弛的会社和学派、团体、各种教育阶段、'倾向'和'主义'中进行的。"[①] 在近代海洋观念的构建与大众传播中尤其值得一提的是留日群体。

在尚武思潮的推动下，留日学生大量传播海洋观念，他们以"海涛""笛帆"等为笔名，以强烈的走向海洋的热切向往，完成了启蒙民众和推进学术的双重使命。"地理学必须具备大众的基础，必须深入到日常生活中，把其主根深深地扎进大众觉悟的源泉里……"[②] 民众启蒙是近代中国知识分子所热切投入的一项工作，尤其是在甲午战争以后，传播的主体、主题和力度都有了深刻的变化。传播的主体由少数精英变为知识群体，尤其是1895年后的留日学生群体；传播的主题由西方技术转变为制度和文化观念；传播力度有飞跃式的提升，各种期刊如雨后春笋，且大多是传播西方政治思想和学术。在这样的历史背景下，留日学生对于海洋观念的认知深度和传播力度都是以往不可同日而语的，留日学生对马汉"海权论"的讨论与国内极其微弱的论述相比要广泛和深刻得多。1909年

---

① ［德］奥斯瓦尔德·斯宾格勒：《西方的没落》，江月译，第16页，湖南文艺出版社2011年版。

② ［英］R. J. 约翰斯顿：《哲学与人文地理学》，蔡运龙、江涛译，第196页，商务印书馆2010年版。

6月，在日本的中国留学生受马汉“海权论”的影响，感慨中国海军的贫弱，在东京创办《海军》季刊，这是中国第一个专门海军期刊，以“讨论振兴海军的方法、普及国民海上知识为宗旨”。现在能够见到的《海军》杂志只有前四期，这四期杂志对海权问题进行了集中的讨论，对于海权思想的启蒙与传播起到了其他群体和个体无法替代的作用。

首先是剖析海权的含义并用“海权论”来反思晚清海防、外交失败的原因。肖举规在《海军》第二期上撰《海军论》，“所谓海上权力云者，约分五端：一曰商业地位之保全；二曰交通线之保全；三曰航业之保全；四曰侨民之保全……”[①] 在这个广义的海权概念里，商业、交通、海航、侨民和物产等都是海权的重要内容，要能够做到“保全”二字，就必须有强大的海军，以保护这五个方面的安全。这种广义的理解是符合马汉海权原意的。有了这种广义而准确的对海权的理解，接下来就用“海权论”来反思晚清海防观念。1910年第一期《海军》中的一篇文章写道：“甲午之役，军舰粉齑，海禁荡然，外人乘间捣虚，鼓轮直驶，欧风美雨，挟印度洋、太平洋之潮流，滚滚而来。吾沿海七省根据重要之地，乃在顾此失彼，风鹤惊心。彼远隔数万里之地，乃能反客为主，挟其虎狼之手段，肆其强暴之机心，操纵海权，恫吓人主。”延续数百年的海禁在外敌军舰之下荡然无存，沿海防守之地往往顾此失彼，防守海洋的主人被滚滚而来的操纵海权的外来者击败。反复论述了地大物博的中国在与列强交战中屡战屡败，没有一点回旋余地的因素虽很多，但是最根本的在于海禁不止，海军不振，海权不张。中国传统的大陆文化的旧观念对近代中国的发展造成了极为消极的影响，已经成为民族之病源。中国自古以来所坚持的农本商末主义使人民醉生梦死于小天地之中，直接妨碍了贸易、商业和航业。从古代传承的知识来看，对海洋的记载和认知少之又少，而明代以来国家实

① 肖举规：《海军论》，载《海军》1910年第2期。

行海禁政策，国民则不知海权，即使有关心海洋的人，在政策封锁、知识有限的情况下也难以深入思考，海洋观念因此无法衍生。

其次，对于海权与国家强盛的关系进行了详细的论述。分析海权对国家盛衰的影响，是马汉“海权论”的主题。他认为，夺取并保持制海权，特别是与国家战略和海外贸易有关的主要海上交通线的控制权，是近代以来一个国家得以强盛和繁荣的重要条件之一。反之，一个国家如果没有海权，也就难以在近代成为富强的国家。在此影响下，留日学生对于海权的认知有了历史性的超越：古代“所谓海战者，是无异于水上行陆军之攻击而止耳，非为占领其海面专有永久占领之企图”，“今则不然，战争之范围日宽，海上之竞争愈烈”，“善战者第一在期得主管海洋，次之在能保卫本国贸易与捕获敌之船舶”。古今最大的不同就在于人们的海权意识提高了，海洋成为各国竞争的主战场。[①] “凡一国之盛衰，在乎制海权之得失。”[②] “观察各国势力，即以其海上权力之大小定之。何以故？海军强大，能主管海上权者，必能主管海上贸易；能主管海上贸易者，即能主管世界之富源。”[③] 由此得出结论是海权与国家贸易和国家富强紧密相连，有着直接的因果关系。“立国之道，国防而已，处此弱肉强食之秋，立国之元素在军备，军备之撷要在海权。时会所趋，固舍所谓黑铁赤血以外无主义，坚船巨炮以外无事功矣。”[④] 在西方入侵中，近代中国社会中觉醒的知识层已经认识到弱肉强食的自然法则在人类社会大行其道，因此尚武思潮弥漫着整个中国，留日群体则是先行者，一致认为国家在全球竞争中取胜是目的，而发展海军争夺海权是最有力的手段。如果不这样做，则会亡国灭种，在各列强的均势格局中苟延残喘而不得。

另外，知识分子在杂志上撰文对海洋国家、海洋观念、海权、

① 参见笛帆：《论海战性质》，载《海军》1910 年第 2 ~ 4 期。

② 海涛：《海军军人进级及教育之统系》，载《海军》1910 年第 2 期。

③ 笛帆：《海上主管权之争夺》，载《海军》1910 年第 2 期。

④ 范藤霄：《海军经济问题续议》，载《海军》1910 年第 2 期。

海战等进行了深入浅出的论述，这无疑是对秉承大陆性文化的中国民众进行了海洋观念的生动启蒙。“在今天每一个战争消息来自于海上的时候，我们还是被困在大陆上，好像在亚洲高原上，在这个时候，提出我们的海洋问题似乎是太早，其实是太迟了……自产业革命到现在，打了两个世纪以上的战争，不过是将以前狭小的陆地战争变为今日的海洋战争了吧。一切战争的大部因素，除了政治的经济的等问题外，海洋问题就为现在的大战的原因……”[①] 他们呼吁国民将大陆性思维转变为海洋性思维，认为这是中国摆脱被动挨打的一个重要途径。分析了甲午海战、日俄战争、抗日战争，得出的结论就是海洋性国家对于大陆性国家具有绝对性的优势。“上次中日战争是海国对海国的战争，日俄战争是海国对大陆国的战争，都是纯粹海国的日本获利。这次中日战争也是海国与大陆国的战争，海国的日本占优势，大陆国的中国遭极大的牺牲才能获得胜利。今后中国要能立足于东亚、于世界，非变成一个海国不行：要能自由呼吸大洋时代的空气，并主动地参加大洋时代的一切活动。”[②] 近代以来中国遭遇侵略的方向主要来自海上，从 1840 年世界海上强国英国的入侵到甲午战争亚洲岛国日本的侵略，再到 20 世纪 30 年代日本的全面侵华，给近代中国政治家、思想家和知识分子带来了巨大的耻辱感和震撼感，以及随之而来的痛定思痛的思考。他们认为中国不仅在思维上而且在实质上要由大陆性国家转变为海洋性国家，同时指出这种转变是可行的。“海洋国家简称海国，具有三种本质：（一）海运国，（二）海权国，（三）海外殖民国。……在历史上中国曾经是西太平洋上的最大海国，具有上述三种本质。自近世以来，海权丧失，沿海属地被割，因不能制造新式船舰，海运亦不足道……中国欲成为完全海国实在不难，因为他具备海国成立的种种条件：（据 O. Maull 所定标准）（A）海洋上优越的地理位置；

① 《一个新的观念：我们的海洋》，载《新世界》1944 年第 10 期。

② 沙学浚：《海洋国家》，载《荆凡》1941 年第 1 期。

(B) 适应于航运与海军利用的优良海岸；(C) 这种海岸与腹地之间又有相当密切的联系；(D) 有广大富厚的腹地；(E) 优越的中介的交通位置；(F) 聚居于沿海地方之人口；(G) 到达对岸国家之便利；(H) 建造船舰材料之充足；(I) 习海上生涯之民族性。”①

留日学生和知识层传播了一个观念：要立足于东亚和世界，就要在思维和行动上从大陆性国家转变为海洋性国家。这种启蒙和传播的意义在于试图将海洋观念变为民众常识，从而转化为信念、信仰，最终成为力量。“当关乎精神的知识一旦变为常识、且接受者已无须反思时，就容易转化成信念、甚至信仰。”②

① 沙学浚：《海洋国家》，载《荆凡》1941 年第 1 期。

② 黄兴涛：《文化史的追寻：以近世中国为视域》，第 20 页，中国人民大学出版社 2011 年版。

4　启导国民、海在东方：《东方杂志》中的海洋观念

近代强国往往伴随着入侵战争而崛起，古老中国的天朝上国的美梦总是被入侵者的战争惊醒、击碎。1840～1842年、1856～1860年两次鸦片战争是来自陌生的西方入侵者的打击，这种打击因为对手的遥远而对心灵震撼并不算太大，“中体西用”指向的是中国人依然故我的文化优越，改革也就始终在技术层面徘徊。1894～1895年甲午战争的对手却是那么熟悉的一衣带水的蕞尔邻国，而且还是长久以来充当中国谦卑学生的日本，是几乎同时面对西方入侵、同时改革的东方国家。战争的结局给中国政治层和知识层带来了地震般的冲击，痛定思痛的反思浪潮高涨过后，改革从技术上升到制度和思想，新的思想观念大量涌入。日本在甲午战争中一跃而起，成为亚洲最快、最成功步入近代化的国家，这给中国带来了前所未有的震撼和改革动力。而1904年，对中国、日本、世界来说都是一个更特殊、更具冲击力的年份。1904年的日俄战争以日本的胜利、俄国的失败结束，这意味着日本已经成功挑战西方国家，开始迈入了与世界强国角逐的行列。这对中国的震撼更是复杂：它包括东方战胜西方的自豪感，黄种人战胜白种人的喜悦感，对日本由学生地位逆转为老师的佩服与恐慌，还有奋起直追的大国愿望与梦想。因此，新观念传播的视野和气象为之一变。恰恰是在1904年创刊的

《东方杂志》[①] 以“启导国民，联络东亚”为主旨，全面记录了日俄战争的整个过程，刊载各种关于日俄战争特定问题的专门报导，传播了新的海洋观念。例如，当载有600名士兵的军舰被水雷炸沉后，《东方杂志》刊载了对这一事件影响的分析文章。

4.1 日俄战争与海权观念（1904～1906）

近代中国海权观念不是植根本土而是移植自西方，不是和平交流的产物，而是遭遇战争后的转变，是痛定思痛的结果。

中国人关于“海权”的主张见于明代嘉靖十六年（1537年）刊刻的《渡海方程》中。“其书上卷述海中诸国道里之数，南自太仓刘家河开洋，开至某山若干里，皆以山（按：岛屿）为标准……每至一国，则云：此国与中国某地方相对，可于此置都护府以制之，直至云南之外，忽鲁谟斯而止……北亦从刘家河开洋，亦以山纪之，所对之国亦设都护府以制之，直至朵颜三卫鸭绿江尽处而止。”“下卷言二事，其一言蛮夷之情，与之交则喜悦，拒之严反怨怒，请于灵山、成山二处，各开市舶司以通有无，中国之利也。”[②] 南至西亚波斯湾，北至东北亚鸭绿江尽处，设都护府加以控制，就是配置海上军事力量；在海外开市舶司管理海洋贸易，以通有无，就是对海洋商业和航运业的控制。可惜这种海权主张淹没在明代海禁的决策中，既无法成为国家发展方向，也没能成为社会普遍意志。

马汉的“海权论”在世界各国传播的同时，也经日本传到了中

---

① 《东方杂志》由商务印书馆创办于1904年3月，终于1948年12月，共四十四卷，819号（期）。发文22442篇、图画12000多幅、广告14000多则等，历时近45年。1967年7月在台湾复刊，王云五任发行人，至1990年6月停刊。以“启导国民，联络东亚”（创刊号发刊词）为宗旨，徐珂、孟森、陈仲逸、杜亚泉、陶惺存、钱智修、胡愈之、李圣五、郑允恭、苏继庼先后任主编。是影响最大的百科全景式老期刊，是中国杂志中“最努力者”，也是“创刊最早而又养积最久之刊物”（王云五语）。

② 董穀：《碧里杂存》下卷，见《盐邑志林》卷三十九。

国。1900 年 3 月，日本乙未会主办的在上海出版发行的中文月刊《亚东时报》开始连载《海上权力要素论》，这是马汉的著作首次被介绍到中国来。

作者将“海权”在 1904 ~ 1906 年《东方杂志》中的分布情况和与其他关键词的分布情况做了一个统计，“海权”一词与其他关键词共同出现的频率从高到低依次是：“陆国”“渔业”“海国”“海军”“海疆”“海运”“海洋”“日俄”。结合文本，将这些词做一个句子组合游戏就是：中国知识层反思日俄战争日本的胜利、俄国的失败的结局，得出的结论是海洋国家对于陆地国家来说有绝对优势，而且这种优势随着时间的推移将会越来越明显。海洋国家在军事上必须重视海疆，建立强大的海军，而且在经济上要发展海运，保护渔业。这时的海权观念已经将军事和贸易结合起来了。

表 2 “海权”在 1904 ~ 1906 年《东方杂志》中的分布情况

	次数	文章标题	时间
	1	论中国责任之重	1904. 01
	1	满洲善后策	1904. 02
	1	各国内务汇志	1904. 03
	1	论马哥罗夫死后俄日战局之变动	1904. 03
	1	论中国铁路	1904. 03
	1	俄人不愿他国调停	1904. 04
	1	论各国对现时旅顺之意见	1904. 05
	1	日俄战事纪要	1904. 05
	1	各国商业汇志	1904. 05
	1	论以哈尔滨比莫斯科之误	1904. 06
	1	各国工艺汇志	1904. 06
	1	论英俄均势与中国之关系	1904. 09

续表

次数	文章标题	时间
4	极东之第二俄罗斯	1904. 09
4	兴渔业说	1904. 09
3	商部头等顾问官张殿撰謇咨呈两江总督魏议创南洋渔业公司文	1904. 09
4	论葡萄牙商约之宜注意	1904. 09
1	论海国之优胜	1905. 01
3	论议兴海军事	1905. 03
1	论中俄与世界之关系	1905. 07
5	署两江总督周奏开办江浙渔业公司折	1905. 07
1	论日胜俄后列强与亚东之现象	1905. 09
9	重兴海军议	1905. 10
1	论津镇铁路之关系	1906. 01
14	商部头等顾问官张咨呈本部筹议沿海各省渔业办法文	1906. 02
1	一千九百五年寰瀛大事总述	1906. 03
1	兴海军应先筹建根据地议	1906. 04
1	财政学中新发明之大义	1906. 04
1	论俄约之不可轻许	1906. 05
12	山东商务局据渔业公司咨拟定现在将来各办法转详署山东巡抚杨请咨部立案文	1906. 05
1	中国土地人民之问题	1906. 06
1	各省渔业汇志	1906. 07

续表

	次数	文章标题	时间
	2	论国际商业之政策	1906.07
	1	论中国亟宜整顿海军	1906.11
	2	政务处议覆署闽浙总督崇浙江巡抚张会奏象山港拟作军港折	1906.11
	1	奉天将军赵奏奉省创设渔业公司折	1906.11
总计	86		

表3 “海权”在1904~1906年《东方杂志》中与其他关键词的共同分布情况

	日俄	渔业	海国	陆国	海军	海防	海禁	海运	海疆	海洋
共现次数	34	113	7	6	228	6	1	4	7	2
总次数	790	243	17	6	653	73	18	32	20	23
共现频率	4.05	13.5	0.833	0.714	27.1	0.714	0.119	0.476	0.833	0.238
平均频率	1.89	0.582	0.0407	0.0144	1.56	0.175	0.0431	0.0766	0.0479	0.055
共现频率/平均频率	2.1	23.2	20.5	49.6	17.4	4.1	2.8	6.2	17.4	4.3

注:本表统计了1904~1906年《东方杂志》中“日俄”“渔业(鱼业)”“海国”“陆国”“海军”“海防”“海禁”“海运”“海疆”“海洋”等相关词分别与“海权”在同一篇文章中出现的次数(共现次数),以及在全部文章中出现的总次数,并根据所有包含“海权”一词的文章的总字数(84001)与全部文章的总字数(4178747),得出这些相关词与海权共同出现的频率(共现频率)和平均出现的频率(平均频率)。计算方法为:(次数/字数)×10000。最后算得共现频率与平均频率的比值,由此估计“海权”与其他关键词的相互影响。

分析具体文章就是："……抑日足胜俄，尚有一要点在，则海国与陆国之优劣也。世人论国之面积每仅以陆地言，而不加以领海。夫日本海国也陆地虽若甚小，然四面环海，岸线延长，公法家之惯例由国之海岸三海里以内为其领海。日本海岸线长七万四百三十三里，则有千五十五万里之领海面积，（即六千二百三十五英方里）增以濑户内海之领海面积五百三十方里，则千五百八十五方里矣。（即九千三百六十二英方里）此当增之于陆地面积者也，且海国之于海也融通自在，非如陆国之接壤他国犬牙相错，故其面积虽止能从海岸三里以内之惯例而利用海面，则虽百千万里，又孰能禁之？航海可以周世界，水产取之而无尽，此岂陆国之一出国境即不能不假道他国者。所可同日语耶。如瑞士、如塞尔维亚、如阿富汗斯坦、如普拉格华皆陆国也。俄虽非纯然之陆国，而其大部滨北冰洋，海面无可利用。若波罗的克海则每年三分之一有冰，里海则四面皆锁以陆，黑海则为国际条约所限而窒其出路，是则与一无领海之陆国何异耶？呜呼！二十世纪之世界，一海权竞争之世界也，吾辈观之环球各国，其扩张制海之权势，思出而为龙腾虎拿之事业者，尚难数计，若夫追溯前代，则希腊之于上古、罗马之继起，意大利之于十五世纪，英吉利之于十九世纪，皆海国优胜之证也……"①作者既从现实的角度考察了日本和俄国的地理环境、自然状况，又从宏观的国家发展历史分析了世界大势，得出的结论就是古代的希腊、罗马，15 世纪的意大利，19 世纪的英国都是海国取胜的证明。不仅如此，他还开始关注到正在利用太平洋崛起的美国，关注到深受马汉海权理论影响的罗斯福的演讲："……至今日而其言果验，然则此后能利用太平洋之海权者，其惟美利坚乎？谓予不信，请以近日彼国实行帝国之政略证之……近顷美国大统领罗斯福巡行太平洋沿岸所至演说。其言有足令位于太平洋之列国同受异常之震惊者。如云，太平洋、洋中之最大者也，而此最大洋在今世纪中当为

① 依可：《论海国之优胜》，载《东方杂志》第二年第一期，1905 年 1 月 25 日。

吾美国独一无二之势力范围。虽然，欲就最大之事业不可不负最大之责任。又云，在今世纪中惟能于太平洋上占最优胜权者，为能于世界历史上占优胜权。又云，天将以太平洋畀其第一之骄子……”[①]这是美国要在太平洋建立独一无二势力范围的最早宣言，是美国从孤立主义走向海洋的开端，是通过太平洋上的优胜权而取得世界优胜权的第一步。那么中国在如此咄咄逼人的海洋竞争中如何占据有利位置呢？“今正其时矣，又云，我国民乎，我辈苟不愿以劣者弱者，贻我子孙以堕落之历史，则猛进猛进！以实行我所怀抱之壮图。今其时哉，呜呼此罗斯福一人之私言，吾以为不啻合众国一国之公言也，大言炎炎、咄咄逼人。我国民其亦闻之否耶……”[②] 分析美国走向海洋无外乎就是依靠“海军之扩充、实业之进步、帝国主义之实行”[③]。而西奥多·罗斯福巡行太平洋的演讲正是美国建立海上强国的宣言。

最后分析日俄战争之后列强在东亚的情况。日俄战争之后，德法在亚洲有所收敛，英美的重心在于商务，日本则在战争之后需要恢复元气，中国一直是唯强是从，本来倚重俄国，学习俄国，现在将转向日本，这种学习日本的风潮起初出现在学界，后来席卷整个社会，尤其是政治界。所以在游学、改革新政等方面都转向了日本。总之，列强在中国都握有势力，中国不能坐失时机，得过且过。[④] 当然，最后海洋的目标还是落到了防守，这与实力相关，更与眼界相关。“我国尚无长驾远驭之能力。但求足以自守。”[⑤]

---

① 《极东之第二俄罗斯》，载《东方杂志》第一年第九期，1904 年 9 月 25 日。

② 《极东之第二俄罗斯》，载《东方杂志》第一年第九期，1904 年 9 月 25 日。

③ 《极东之第二俄罗斯》，载《东方杂志》第一年第九期，1904 年 9 月 25 日。

④ 翰富：《论日胜俄后列强与亚东之现象》，载《东方杂志》第二年第九期，1905 年 9 月 25 日。

⑤ 《兴海军应先筹建根据地议》，载《东方杂志》第三年第四期，1906 年 4 月 25 日。

4.2 从军事到商业（1904～1906）

海权代表着一种文明，这种文明是古希腊的海上贸易和掠夺的产物，是军事和商业的复合体。中国传统的农耕文明与儒家文化主张的“已所不欲，勿施于人”“重义轻利”是与之大相径庭的。古希腊城邦的人们为进行海外贸易和利益而必须在海上冒险，中国的小农经济社会的财富无法也不必支撑强大的海军。“雅典和科林斯是欧洲最初的‘商业—军事复合体’，但是中国古代社会把商业和军事的结合看作是小农经济社会的洪水猛兽，这从明末清初对东南福建沿海的武装海商集团的禁海措施可以感觉出来。”① 20世纪初的中国已经经历西方和日本的海上冲击半个多世纪了，对于海上的军舰与商船总是同时出击的本质已经有了深刻的认识。

表4 “海权”在1904～1906年《东方杂志》中按内容领域的分布情况

	商业	军事	其他
次数	51	20	15
比例	59.3%	23.3%	17.4%

注：将1904～1906年《东方杂志》中所有出现“海权”一词的文章，按其内容划分为商业、军事和其他三类。统计结果：“海权”在商业类文章中出现51次，占53.3%，在军事类文章中出现20次，占23.3%，在其他类文章中出现15次，占17.4%。

从表4可以看到，中国对于海权与商业和军事密切关系的认识是非常清晰的。“……各国文化、交通多由利用海洋之力，故今日主张海洋共有之说者，已为列强所同认。于是以航业之竞争谋商务之发达、求海权之伸张，有进无退，汲汲不遑，吁可畏已。”今比较各国商船吨之多寡如表5所示。

① 倪乐雄：《海权的昨天、今天和明天——读马汉〈海权对历史的影响〉》，载《中国图书评论》2006年第8期。

表5 各国商船吨位[①]

国名	艘数	万吨数	国名	艘数	万吨数
英吉利	11145	1450	日本	8700	54
德意志	1685	256	丹麦	715	52
美利坚	3020	250	荷兰	380	46
挪 威	2530	170	奥地利	280	38
法兰西	1180	124	希腊	405	23
意大利	1150	88	巴西	570	21
俄罗斯	1220	65	中国	100	20
西班牙	715	62	土耳其	455	15
瑞 士	1400	60			

将各国商船的艘数和吨位数进行比较，令人吃惊的是，日本在20世纪初已经仅次于英国，排在了第二，美国则排在了第三位。这种海上贸易的地位是海上力量的重要体现，也是国家实力的表现，从这个发展趋向也可以清楚日后世界强国的图景。在《东方杂志》里，对于海权与商业、渔业的关系是有着较大分量论述的，说明对海洋的经济价值有了越来越清楚、深刻的认知。

第三年第八期的《论国际商业之政策》专门介绍和分析了萌芽于15世纪、发达于17世纪的通商主义，指出从欧洲的殖民政策和航海事业中可以看到通商之主义。[②] 一句“非徒以开商民之利源也。且与海权有最大之阙系”[③] 道出了商业与海权的秘密：“……盖各国之视渔业、至为重要，非徒以开商民之利源也，且与海权有最大之阙系。按各国公法，沿海之地、皆有领海界限，其界限视精远之炮

① 《各国商业汇志》，载《东方杂志》第一年第五期，1904年5月25日。

② 参见《论国际商业之政策》，载《东方杂志》第三年第八期，1906年7月25日。

③ 《兴渔业说》，载《东方杂志》第一年第九期，1904年9月25日。

弹所及为止，近以炮弹所及愈远，故已由三海里渐展至十海里，所谓领海者。平时捍御边警、及战时局外中立之界限，亦即保护鱼利之界限。"① "……有五利焉。增进利源、一也，保全海权。二也，新法采捕力少功多。三也，渔户生业、不至损失。四也，预阻外人、使难搀夺。五也，诗不云乎，迨天之未阴雨，彻彼桑土，绸缪牖户……"② 并思考如何更好地保护海权，指出西方海权以退潮三海里为限并不适用于中国，因为英法等国的海峡狭窄，海滨小岛多在近岸，而中国沿海岛屿星罗棋布，甚至有相隔百余海里的情况，因此应当按照地理情形来实行我们自己的领海权。"……本以保全海权为要议，然查西国海权以潮退三海里为限，英法等国海峡甚狭，海滨小岛亦多近岸，中国沿海岛屿星罗棋布甚有相隔百余海里者，岛无大小远近皆渔人托业之区，趁潮往来不分界限，若仅以潮退三海里为限，则名为保护反蹙海疆，不如仍行我向来领海之权较为上策，此不能不揆时度势深思远虑预为声明者也。此节应如何取益防损……"③

发展海上贸易必须有海军作为保障："……昔之战重在陆。今之战重在海。盖自五洲大通。一切通商互市。略地殖民。无不扩张海权。藉海军为立国之本。故其国海军不振者。其国势亦必不振。西班牙之失菲律宾。俄之失旅顺。其明验矣。我国自甲午战败。舰队损失。而醇王所创之海军衙门。又复焚毁无遗……沿至今日我之海权。非惟不能力守近藩。且又不能慎固户阌。国权堕落。职是之由。"④ "……苟欲立国。先张国威。欲张国威先争海权。欲争海权。先张海军……"⑤ "而无海军为后盾。则直无外交之可言。而无术以

---

① 《兴渔业说》，载《东方杂志》第一年第九期，1904年9月25日。

② 《兴渔业说》，载《东方杂志》第一年第九期，1904年9月25日。

③ 周馥：《署两江总督周奏开办江浙渔业公司折》，载《东方杂志》第二年第七期，1905年7月25日。

④ 《论议兴海军事》，载《东方杂志》第二年第三期，1905年3月25日。

⑤ 《重兴海军议》，载《东方杂志》第二年第十期，1905年10月25日。

保此国权也……今日国防。守海而已。是以各国势力之消长。专视海上权力之强弱以为衡。十九世纪以降。海权竞争之大势。既自大西洋而渐趋注于太平洋矣。而各国之虎视鹰瞵。则尤以北太平洋为中心点……”① “……海军者。国权之所系。国防之所倚。固已。然海外之殖民地。旅外之侨民。国际贸易之商业。往来转运之商船。皆恃海军以托命者也。故商业势力之涨缩。实与海上权力之盛衰以为缘……”② “……夫海军者。上以坚国防之守圉。下以护民间之财产……”③ “今观海军之效力既如是其大。海军之关系于国家。又如是其重且深。然则策中国今日之方针。非整顿扩张其海军权力。”④最后得出了振聋发聩的结论：“……今日不兴海军。必不能立足于海权竞争之世界……”⑤

从军事到商业揭示了海权的经济和军事的双重基础地位以及二者的关系。《东方杂志》在 1904 ~ 1906 年日俄战争期间的海权观念虽然并不系统，但已经开始在冲击中缓慢觉醒、思考和回应。这种觉醒、思考和回应由于是被动移植和单线前行而显得如此单薄虚弱，因此，中国海军学术界产生自己的第一部海权论专著，即林子贞⑥的《海上权力论》已经是 1928 年的事了。

① 《重兴海军议》，载《东方杂志》第二年第十期，1905 年 10 月 25 日。

② 《重兴海军议》，载《东方杂志》第二年第十期，1905 年 10 月 25 日。

③ 《重兴海军议》，载《东方杂志》第二年第十期，1905 年 10 月 25 日。

④ 《论中国亟宜整顿海军》，载《东方杂志》第三年第十二期，1906 年 11 月 25 日

⑤ 《重兴海军议》，载《东方杂志》第二年第十期，1905 年 10 月 25 日。

⑥ 林子贞曾留学日本，获法学学士学位，回国后任《远东日报》编辑。

5 “中国的太平洋”：《海军杂志》研究

海洋观念作为一种颠覆国人传统思维的观念，要在近代中国的政府决策层、思想精英层、军界官兵、各界大众中进行广泛深入的启蒙、渗透和传播，才不致出现断裂和脱节，最终完成观念转型并统一上下意志，达到思想、计划、行动的合一。如果说《东方杂志》中的海洋观念传播受众是广大民众，传播主体是思想精英，主旨是“启导国民”，由此起到的是大众性传播功能的话，那么《海军杂志》① 则是由海军界主导的，在海军界中传播，带有浓厚的海军战略和国家战略的军事色彩，是对海洋观念的丰富和深化。

早在春秋时代，海战就是陆战的补充。元代从海上征伐日本、占城、爪哇，是争夺海权的表现。清初郑成功拥有水师20镇，大小战舰5000余艘，掌控环中国海制海权，几次下达禁航令，对马尼拉西班牙殖民地和台湾荷兰殖民者实行经济制裁。1661年跨海东征，

① 1928年5月海军部下属的海军编译委员会创办了《海军期刊》，每月出1期，12期合为1卷。至1932年8月共出4卷48期，“所搜辑大都关系世界海军之现状及历史，与夫海军连带之学说，或技能”（见《海军期刊简章》）。办刊宗旨为“搜辑新科学材料，并各种有益海军学说”。开设的栏目有论述、海军科学、海军历史、专件、杂著、图画、小说等。1932年8月，《海军期刊》更名为《海军杂志》，其卷期序号承《海军期刊》连续计算。在办刊宗旨上表现了更强的学术性，增加了海军学术、世界海军要闻、特载、别刊论文转载等栏目。平均每期刊载的海军理论文章近10篇，分量明显比《海军期刊》加重。《海军杂志》约1945年底停刊，现在所见到的最后一期即是1945年12月出版的第18卷第6期。包括《海军期刊》在内，至此总共出版了210期。《海军期刊》和《海军杂志》成为中国近代海军学术刊物中发行时间最长、影响最大的一种。本文主要考察中心为《海军杂志》（1932~1945年）。

把荷兰殖民者驱逐出台湾。但是这些对于海权的争夺而言，只是历史的小插曲，从来就不是主旋律。因此，在近代，当西方角逐海上的时候，中国完全背向了大海。“正是制度结构上和向外推动力方面的根本差别，在世界历史的这一重要转折关头，使中国的力量转向内部，将全世界海洋留给了西方的冒险事业。”① 留给近代中国的是布满入侵者的波涛汹涌的大海。中国不仅是以中世纪的武器而且是用中世纪的观念来对抗西方入侵。因此，近代海军要在军事技术、海军战略、民族观念上进行整体突破显得格外艰难和可贵。

5.1 海军和《海军杂志》：海洋观念的先行与启蒙

19 世纪 60 年代，海军建设拉开了序幕，一批批远渡英法的海军留学生成为一个崭新的人才群体。政府锻造了这个群体，反过来这个群体推动着政府的海军前行。自晚清以来起起落落的海军改革中，正是这个群体出于职业认知、民族热忱和国际视野奋力振臂高呼，在理论上和实践上同时出力，使得这断断续续的海军改革没有完全断裂而得以延续。

从国人漠视海洋，政府忽视海军到渐渐认识海洋，信任海军，是海军群体执着的结果。“……益觉得‘中国需要海军’的口号，更显得实在而且真确了。欲证明这句话的必然性，当先追述一向国人对海军的漠视，我国虽然有三千余里的海岸线，无数大大小小的岛屿和四万万五千万众多的人口，因为受历史上闭关主义的影响，对海洋上的利用不甚注意，以平常不利用海洋上的海运，及其深刻的研究。结果使对保护海岸线的完整，及推广海运功效之最需要的海军亦不与注意了，更不了解有领海国家须有健全海军之必要性，清末已误于前，民初又因循于后，其间虽经若干海军前辈，力想挽既倒之狂澜，作种种的呼吁，无如国人积习太深，漠不相关，即当

① ［美］斯塔夫里阿诺斯：《全球通史：从史前史到 21 世纪》上，吴象婴、梁赤民译，第 445 页，上海社会科学院出版社 1999 年版。

时执政者，亦对海军作可有可无与无可无不可的态度无以应海军当局最低的要求，最近十余年来，经海军负责者不断的努力，政府亦同时予以注意，委员长前在咸军舰进水时有‘从今建设六十万吨海军’之训词，这都是海军复兴的好现象。”[①] 不仅政府决策层开始重视海军，而且抗战期间报考海军的年轻人踊跃异于从前，这是国人对海军由漠视到信任，再到支持的转变。“……在陪都举行招生已有数次，各省政府所保送青年学生，不辞跋涉，在此交通极不便之时，前来应考，间或由敌后冒险通过沦陷区，迂回极偏僻的间道，虽十三四岁的幼童，有这种冒险精神，相信将来一定适宜于忍耐海军极劳苦好冒险的生活，并且他们的家庭，放心他们的孩子不辞远道，来投考海军，这就是国人改变漠视而为进一步作认识海军之表示，所以本次招生道德成绩，比以前都进步……国人热忱海军之志愿，却是表现对海军的认识与信仰……”[②] 分析报考的地区可以看出，沿海各省相比内陆省份要踊跃，但是湖北虽然是内地省份却是热情很高，这就源于张之洞在湖北提倡海军的历史性影响。“我们可以看出，沿海各省，对海军比较更感兴趣和踊跃，湖北虽然不是滨海，但雄据长江上游，在昔张之洞提倡海军，距今尚未久远……”[③] “……反过来说，对内地的人民，此后有加深提倡认识海军之必要。”[④]

近代入侵从海上来，海军也就一直处于国家危机的前沿，经历海风的海军，对于将海洋观念由沿海传播到内地，由海军传播到整个社会有着强烈的愿望，并且也竭其所能地对大陆观念根深蒂固的

① 奂若：《从海军招生的观感上说到培植海军的人才》，载《海军杂志》1942 年第十五卷第十二期。

② 奂若：《从海军招生的观感上说到培植海军的人才》，载《海军杂志》1942 年第十五卷第十二期。

③ 奂若：《从海军招生的观感上说到培植海军的人才》，载《海军杂志》1942 年第十五卷第十二期。

④ 奂若：《从海军招生的观感上说到培植海军的人才》，载《海军杂志》1942 年第十五卷第十二期。

“古老国家”进行了海洋启蒙。

5.2 “中国的太平洋”[①]：从大陆国家到海洋国家

当时世界海军有两大活动中心，其一为大西洋，其二为太平洋，中国海军军事学术界主要关注太平洋地区的海军形势。“作为一个当代历史原则，太平洋的出现保持着阐释上的开放性：它可以视情形为那些要求占有那块地方的人提供机会和挑战。这样，不仅美国的太平洋扩张主义有助于构成一个对帝国主义的理解和在中国对世界舞台的重新定义，而且，正如同时出现了潜在的革命的对全球空间的民族主义理解，太平洋同样被作为一个潜在的舞台呈现在中国面前。”[②]

各刊物上发表的有关这一问题的文章有数十篇之多，其中有一部分是译稿。[③]《海军杂志》中关于太平洋地区海军形势的分析文章数量和深度都非常突出。凤章的《美日二国海军之扩张》、佚名的《海军问题与太平洋问题》、胡秋原[④]的《中国的太平洋——论我国策之基点》尤具真知灼见。对于太平洋问题的分析从地理到地缘主要聚焦在确立中国是太平洋国家。改变了以往认为中国是一个大陆性国家的判断而认为中国也是一个海洋国家，太平洋是中国面向的唯一的大洋，也是世界的枢纽，因此，从太平洋崛起是中国复兴的必经之路。“制海洋者制世界，太平洋是世界的枢纽，中日战争的

---

① 胡秋原：《中国的太平洋——论我国策之基点》，载《海军杂志》1941 年第十四卷第十二期。

② ［美］卡尔·瑞贝卡：《世界大舞台——十九、二十世纪之交中国的民族主义》，高瑾等译，第 90 页，三联书店 2008 年版。

③ 参见皮明勇：《中国近代海军军事学术》，见海军司令部编：《近代中国海军》，海潮出版社 1998 年版。

④ 胡秋原（1910～2004），湖北黄陂人，著名史学家、政论家和文学家，著作等身，达 100 多种 3000 余万字。

太平洋意义，最后雄飞于我们的太平洋上。"[1] 从地理上来看，"中国国境线的二分之一在太平洋岸，中国也是一个海洋国家。我们生于太平洋时代，又为太平洋国家，自不能不注视太平洋，不能不以太平洋的安危为己任。我们一切国防外交政策，不能不以太平洋为出发点……"[2] 这种在时空上认识太平洋的战略地位的视野在当时是多么难能可贵。提出将一切国防外交政策都以太平洋为出发点，这是基于对中国是一个海洋国家的判断所提出的海洋战略。这样的海洋战略必须纠正以往认为太平洋问题只是列强争霸的问题，只是日美矛盾的问题。[3]"……太平洋的每个波浪，每一个岛屿，每一个矿山，每一条船只，都与我们有切肤的关系，太平洋事无大小，我们都得问：假如今天没有力量问，也要准备明天问……不要以为太平洋问题是列强问题，而甘以傀儡鱼肉自居。我们须以太平洋主人的地位，树立中国之太平洋的国家。"进一步分析，控制海洋就能控制世界，是一般的真理。但是控制大西洋或地中海未必能控制世界，唯有太平洋是世界的枢纽。谁能独霸太平洋，谁能树立太平洋意识，谁就能由大陆向海洋开拓国运。[4]

从地缘上看，中国面向的大洋只有太平洋。自近代以来，海洋安全问题上升为中国的主要国家安全问题，即太平洋安全问题上升为最主要的安全问题。中国对太平洋安全问题的认知经过了一个缓慢曲折的过程，经历了四个层次：第一个层次是把海洋安全问题看成陆地安全问题，海洋只是陆地的屏障，这个传统观念遮蔽了中国几千年。第二个层次是将海洋问题视为一个海岸防卫问题，鸦片战

---

① 胡秋原：《中国的太平洋——论我国策之基点》，载《海军杂志》1941 年第十四卷第十二期。

② 胡秋原：《中国的太平洋——论我国策之基点》，载《海军杂志》1941 年第十四卷第十二期。

③ 参见胡秋原：《中国的太平洋——论我国策之基点》，载《海军杂志》1941 年第十四卷第十二期。

④ 参见胡秋原：《中国的太平洋——论我国策之基点》，载《海军杂志》1941 年第十四卷第十二期。

争中的守口防岸就是这个观念的表现。第三个层次是把海洋问题看成是近海防卫问题，在近海防卫者眼里看到的是渤海、黄海、台湾海峡、南海等这些比较近的海域，眼里并没有真正的大洋。晚清建的三洋水师，民国的海军建设以及新中国成立以后相当长的一段时间，视野虽然有所拓展，但都是有海无洋的眼界。第四个层次是站在全球七大洲五大洋的高度，以跨海入洋的眼界进行思考。眼光越过了第一岛链，投射到太平洋的深远处，直至看到太平洋的彼岸，看到太平洋和印度洋是紧密相连的。

6 甲午恶浪：观念差异与综合博弈

中日两个亚洲国家在19世纪中期面对西方船坚炮利的冲击时，几乎同时开始了改革。两国遭遇的打击来自于海上，改革也就起始于海上，甲午战争是对两国海洋观念和海上力量改革的最直接的检验，检验的结果出乎中日两国的意料。直至今日，中国走向海洋的路还很长。

6.1 日本的海洋观念预示中日海上战略碰撞

中日当下之争，是近代以来两国的第三次战略较量。第一次是甲午战争，双方各有所长，决战在黄海和中国近岸；第二次是抗战时期，中国海权尽失，决战在中国本土大陆；与前两次不同，这一次是实力相当、战略相持的东亚两强，为争战略主动和大国地位所进行的博弈，双方争夺的焦点在西北太平洋特别是东海。分析日本的海洋观念这一影响战略行为的深层次因素是有意义的。

6.1.1 日本的海洋国家意识助推“中国威胁论”

日本是典型的岛屿国家，始终游离于东亚大陆体系之外。其现代海洋国家意识，是基于岛国特性并学习西方的结果，集海上贸易诉求、海外扩张冲动和资本主义价值观于一体。陆海二元对立是日本与中国海上对抗的逻辑起点，日本海洋派的中国观从一开始就具有否定性、排斥性。明治维新时期福泽谕吉提出“脱亚入欧”，强调疏远中国，摆脱“恶友”。20世纪50年代高阪正尧发表了《海洋国家日本的构想》，认为中国发展海权就是对日本利益的侵害，即使没有侵略的意图，也是霸权行动，会掀起波澜。这个观点在日本的政治界和学术界备受推崇，影响深远。前原诚司是他的学生，多次声称中国是“现实的威胁”。20世纪90年代以来，“海洋日本论”在日本发展成为一种政治思潮，政治家、高级将领、学者等支持者甚多。

随着中国海洋意识的觉醒和经济实力的增强，日本基于海洋国家意识而产生的失落感和受迫害感越来越强烈，“中国威胁论”甚嚣尘上。2011年日本《防卫白皮书》提出中国“海上威胁”，2013年的《防卫白皮书》矛头直指中国，针对中国的内容占了1/3篇幅，用词激烈是历年之最。日本民主党政府这种防范中国的战略，显然是海洋派掌握主导权的必然结果。他们与吉田茂以来自民党海洋派一直把大陆国家中国和苏联列为防范对象的冷战战略是一脉相承的，都认为海洋国家日本面临着来自大陆国家的挑战，而现在他们明确了日本面临来自中国的挑战。可以预见，未来日本对中国走向海洋将持强硬排斥立场，其敌视强度和反对烈度不可低估。

6.1.2　信奉海权论，倾力掌控南下海上生命线，与中国海上东出构成“十字交锋”

1890年马汉的著作在日本迅速掀起“海权风”，“海洋主义”“大海军主义”纷纷问世，在观念上、行动上推行“海权论”不遗余力。日本对海权的追求具有全方位性，而南下是其主要战略。“南进论”与“南进行动”自19世纪中期以来不断强化。1872～1879年吞并琉球，1895年吞并台湾，一战爆发后占领德属殖民地马绍尔群岛等太平洋岛屿，二战中“南洋”成为日本与美国争夺的焦点。战后，日本提出西南方向1000英里（约1609千米）“海上生命线”的概念，并不断向南延伸，直至把马六甲海峡都纳入其中。

日本的南进和中国的东出构成“十字交锋”。对日本来讲，南进是国策，是生命线；对中国来说，东出关乎国家统一，关乎战略崛起。中国的海上通道分为向东、向南两个方向，但都与日本的“海上生命线”交叉。

6.1.3 日本自认为得海之利，与中国争海历占上风，具有明显的海上心理优势

日本自认为是海的民族，得海庇佑。1274年、1281年，忽必烈两次东征日本都失败，蒙古人战无不胜的神话在海战中破灭。近代以来，日本出兵台湾，吞并琉球，侵略朝鲜，挑起甲午战争，参加八国联军侵华，发动日俄战争争夺东北，参加一战抢夺山东权益，日本对华屡次出手、屡次得逞，每一次得逞都更进一步刺激其对华野心。甲午战争和侵华战争两次打断了中国的现代化进程，历史的记忆，使它具有明显的海上心理优势。

受海上心理优势支配，日本在战略上一贯强调主动先发。在甲午战争、日俄战争、侵华战争、太平洋战争中，都是主动出击、突然袭击。即使战后受和平宪法约束，在军事上奉行“专守战略”，也渐次露出“先发制人”意向，1999年日本《防卫白皮书》就明确提出“先发制人”。随着日本政治、军事大国化步伐的加快，其“先发制人”的战略倾向将更加明显。

6.1.4 日本具有较强的海洋地缘思维，惯常于倚强逞强、远交近攻，中日海洋之争将是持久的大战略较量

日本的生存哲学是以强者为师，与强者为伍。日本的海洋国家论者认为，日本无论是从地理位置还是历史过程中看都是一个海洋国家，所以他们主张日本不仅应该建立海上力量，而且还要与海洋大国结盟，维护自己的安全。日本先是“脱亚入欧”，后又追随美国，先后与全球最强大的海上霸主英国、美国结盟。二战后日本进行战败反思，认为与大陆国家德国结盟是导致其失败的根本原因。当下，长岛昭久提出的日本对外战略，是以建立日、美、韩、澳、印为核心的“周边海洋国家联合”（Rimland - Maritime Coalition）为目标。前首相麻生太郎提出了“自由与繁荣之弧”的构想，本质就是包围具有不同价值观的中国和俄罗斯，也就是包围包括中国在内的所谓的欧亚大陆的心脏地带。安倍内阁的“日美印澳”安保对

话构想目的也是与海洋大国、强国结盟而对中国进行包围，进而进行长期较量。现在又充分利用美国的战略东移加速南进，积极进入南海和马六甲海峡，试图推动越南、菲律宾和印度等更多国家卷入与中国的海洋纠纷。这就意味着中日的海权之争具有宏大的国际背景，将是持久的大战略较量。

中日两国的海上战略博弈，可谓政治上相左：大陆—海洋；空间上相斥：东出—南进；态势上相对：防御—进攻；手段上相克：遏阻—反遏阻。中日的海上竞争是综合力量的竞争，更是海洋观念和战略境界的全方位竞争。

6.2　胜负快慢之间——对甲午战争的另一种观察

即使用今天的标准衡量，中日甲午战争也可称得上是一场规模大，影响更大的局部战争。在这场非对称的较量中，日本以小搏大却能完胜，很重要的一条就是达成了战术的速动，更实现了战略的速决。

日本战争决策速度、力量动员速度、部队机动速度都远远快于清朝，关键性的作战都是速战速决。1894 年 6 月 2 日，日本做出入侵朝鲜，继而直接与清军开战的决定，3 天后就成立了战时大本营。日军攻占平壤仅用 2 天时间，突破鸭绿江防线只用 3 天时间，著名的黄海海战持续 5 个多小时。从战略上看，作为一场改变两国命运的战争，战场从朝鲜半岛一直扩展到辽东半岛、山东半岛，还包括黄海、渤海广大海域在内，可是整个战事前后不过 9 个月的时间。据统计，战争持续的时间段一般为 4 或 5 年，1451 ~ 1930 年期间的 278 场战争，平均持续时间为 4. 4 年。[①] 试想清军如果能跟日军打一场战略持久战，以当时日本的条件恐怕很难撑过三五年。其实早在 1874 年，日本驻华公使柳原就看到了这一点。他说，中日两国如果

① 参见［美］昆西·赖特：《战争研究——第二版，包含了对自 1942 年以来战争的评论》上册，军事科学院外国军事研究部译，第 185 页，军事科学出版社 2013 年版。

发生战争，“我求利在于速决，彼求利在于缓慢”①。真可谓胜负快慢之间，日本靠快、靠速决赢得了甲午战争。

可为什么日本能快、能速决呢？透过甲午战争的历史，我们看到的是中日两国社会的散与聚、体制的重与轻、文化的闭与开，以及由此带来的两国战争动能的大小之差、转身近代的拙巧之别、拥抱变化的拒迎之异。

6.2.1 社会的散与聚：战争动能的大小之差

按照物理学原理，速度的快慢首先取决于动能的大小。战场上敌对双方的快慢，直接体现的是军队动能的强弱，从根本上讲则是社会动能的大小。军事的刀锋由社会各个层面融合锻造，战争检验着社会的凝聚力。

晚清以集权为目的，以分权为结果，无论在地理上，还是思想、组织和军事上，都处于离析松散状态。秦山楚水呈现的地理自然阻隔，因现代交通设施薄弱而更显遥远支离；只知有朝廷而不知有民族国家，思想家与决策者难以契合，保守派与改革派争论不止；兵民相斥，海陆军分离，直隶和两湖的兵力分据，北洋水师与南洋水师隔海观火。鸦片战争时，英国海军和清军水师在镇江江面交战，中国老百姓聚集岸边围观，为英国人喝彩，上演了奇特的“国不知有民，民亦不知有国”的景象。在法军炮击福州时，其他水师并不救助。这些在甲午战争时都一一重演，甲午海战又是北洋海军的孤军奋战。甲午战争之后，日本人有一个十分尖刻但却一针见血的评述：清国“兵民处于四分五裂状态”，“海陆军队更是支离破碎之极，其利害隔绝而脉络不能贯通。直隶兵败而两湖之兵可以恬然不顾；北洋水师大败而南洋水师不仅坐视不救，反而暗自嘲笑”。② 在日本人看来，他们“不是与支那进行战争，而是与直隶省

① ［日］安冈昭男：《明治前期日中关系史研究》，胡连成译，第 9 页，福建人民出版社 2004 年版。

② ［日］尾崎行雄：《支那处分案》，第 116～117、119 页，复州古旧书店 1986 年版。

进行战争”[①]。有一个典型事例：在北洋舰队投降交接时，“广丙”号舰长竟然向日本人表示，“我舰属于广东舰队，不属于北洋舰队”，想以此为由拒绝交舰。[②] 真是可笑可悲。正如日本政论家所观察到的：“可以驱使东部之兵征伐西部，率领北部之民征服南部。支那今日之情势实际上就是如此。”[③] 分散的清朝可以说已经病入膏肓，“清国之病已不仅在腹心，已显于面目，溢于四体……若率兵一万骑而征彼，可以纵横清国”[④]。甲午战争时日本人甚至高呼，虽然中国的人口和国土是日本的十倍以上，但是“征服的难易由统治的张弛可知，境域过大不易统治，支那正是因为大才容易被征服”[⑤]。社会没有内聚力，少数的觉醒者拯救不了国家。“倘若那一个社会里面，没有预备起改造的材料，没有养成一种改造的能力，单靠少数人做运动，决计不能成功。”[⑥] 缺乏民族国家意识凝聚的中国，散于社会、困于财政、弱于军备，分崩离析得不堪一击。

与之截然不同的是，面对外部世界的巨变，日本以“神道”信仰为基轴，以天皇崇拜为核心，显示了独特、高效的“纵式结构”。这与日本的社会传统息息相关。在日本传统中舍“小我”求“大我”被视为美德，集体重于个人的观念为人们所推崇，同时也促使个人与集团追求共同的行动和利益，这样会减少集团内部个人之间的摩擦，进一步提高集团的效率。因此，日本每当大难临头，必是

① ［日］尾崎行雄：《支那处分案》，第116～117、119页，复州古旧书店1986年版。

② ［日］岛田三郎：《日清胜败之原因》，《立宪改进党党报》第40号。

③ ［日］尾崎行雄：《支那处分案》，第116～117、119页，复州古旧书店1986年版。

④ 1862年，幕府派遣的“千岁丸”到上海研究中国，峰洁在其《清国上海见闻录》中所说。（参见冯天瑜：《“千岁丸”上海行——日本人一八六二年的中国观察》，第283页，商务印书馆2001年版。）

⑤ ［日］尾崎行雄：《支那处分案》，第119页，复州古旧书店1986年版。

⑥ 戴季陶：《日本论》，第52页，光明日报出版社2011年版。

全民一致奋起对外。[①] 中国就非和亦非战，迟疑因循，事不能决，而日本一旦决战则不变其议。[②] 可以说是万民齐心，举国一致。明治天皇在民权与主权、南进与北进、文力派与武力派、国粹派与洋化派的争论中，选定并统一了国家前进的方向。[③] 自从其出兵台湾以来，日本思想家、天皇、政府、军人、媒体在思想、政治、外交、军事、舆论等方面就积极、明确地进行准备，各种对清作战计划乃至“支那征讨敕命”就已经出现了。[④] 在思想上，“明治维新之父”福泽谕吉、外相陆奥宗光向国民灌输这是文明淘汰野蛮的战争；“国民思想家”德富苏峰宣称“文明”的日本对“野蛮”的中国和朝鲜动武，是传递“力”的福音；“近代陆军之父”山县有朋抛出“主权线”和“利益线”的扩张理论。在军备上，1887 年天皇从皇室经费中挤出 30 万元用作造舰经费，一年全国富豪捐款 100 多万元，平均年度军费开支高达总收入的 31%。特别是当战争来临之际，天皇、元老重臣、军部、外交大员、思想家、媒体、民众迅速凝聚成一台高效的战争机器。[⑤] 正如日本学者中冢明所言：“日本从政府到军队，预先就设想了和中国交战的时机并做了尽可能的准备，在这种情况下才断然出兵的，而且中日间的交战，至少从 1887 年开始，具体的作战计划就已经被构想出来了。”日本在甲午战前绘成了包括朝鲜和辽东半岛、山东半岛和渤海沿线的每一座山丘、每一条道路的详图。甲午战争期间，日本舆论起到了沟通上下、鼓舞士气的作用。日本政府强化新闻管制，通过报纸杂志、文学作品、歌曲漫画等形式，歌颂前线作战的日军所向披靡，同时极力丑

① 参见［日］土居健郎：《日本人的心理结构》，阎小妹译，第 100 页，商务印书馆 2012 年版。

② 参见《福泽全集绪言》，见《福泽谕吉全集》第 1 卷，第 59 页，岩波书店 1958 年版。

③ 参见戴季陶、蒋百里：《日本论 日本人》，第 119 页，上海古籍出版社 2013 年版。

④ 参见［日］安冈昭男：《明治前期日中关系史研究》，胡连成译，福建人民出版社 2007 年版。

⑤ 参见戴季陶、蒋百里：《日本论 日本人》，第 43 页，上海古籍出版社 2013 年版。

化中国形象，向民众灌输敌视、蔑视中国的思想，以及必将战胜中国的信心。[①] 确实如鼓吹战争的日本思想家们声称的那样，甲午战争日本“投入战斗的是海陆军队，但却是举国全民而战！战场不限于平壤、旅顺、威海卫、台湾，必须觉悟到所有国民发动的周边，都是战场！”[②] 甲午战争的发动和结局，是日本上下一心的结果。

透过社会力量的散与聚，我们可以看到，甲午战争战端未开其实胜负已定，战局进程和结局具有必然性。在此，我们还联想到《马关条约》签订后台湾军民的抗日之战。在这场保卫家园的战斗中，数十万台湾军民的武器装备落后、保障条件很差，但同仇敌忾、众志成城，同数万日军激战 4 个多月，先后作战 100 多次，使日军付出死亡 4800 余人、伤病 27000 多人的重大代价。这充分显示出人心散聚对战争的重大影响，体现了社会内聚对于赢得战争胜利是何其重要！试想，如果甲午战争能如此，结局恐怕会改写了，但历史却不可能给我们假想的机会。

6.2.2 体制的重与轻：转身近代的拙巧之别

民国时期的著名军事家杨杰说：“国防所需要的政治制度，是强有力的政治制度。”“一种政治制度是不是强有力的制度，只有在战争的考验之下才能辨别出来，不合理的经济制度和政治制度是破坏国防组织的毒菌”。[③] 一个国家的政治军事体制，在战时直接关乎战争力的生成与释放，在平时则决定着战争力的积蓄。甲午战争作为中日军事近代化的一场大考，无疑清晰地辨别出两国政治军事体制的功能强弱，更重要的是，它还揭示出两国传统政治军事体制所具有的轻与重的不同特质，正是这种特质决定了两国在转身面对近代化时采取了不同的姿态。

---

① 参见杨栋梁：《近代以来日本的中国观》第 1 卷，第 75 ~ 76 页，江苏人民出版社 2012 年版。

② ［日］植手通有：《德富苏峰集》，第 271 页，筑摩书房 1974 年版。

③ 杨杰：《军事与国防》第三章“现代的国防”，《杨杰将军文集》一，第 369、359 页，云南民族出版社 2011 年版。

中国百代皆行秦政制，封建政治军事体制历经2000多年的周期性重复循环和简单固化。漫长的时间、广阔的空间、凝固的体制、传统的思维相加，“天不变，道亦不变”的哲学观深深地凝结在民族精神和社会结构中，形成了一个政治神经极不灵敏的古老大国。晚清时期既是封建社会末世，又遭遇大清王朝的末期，这种体制笨滞僵化的弱点便充分暴露出来。根据日本思想家福泽谕吉的观察，中国社会“政治的神经不会传达到十八省的各个角落，即便到达，其感触也无异于刺激鲸尾或牛臀……即便有外国人犯境，边地之事也难以传达到首都，就如同足踵上的一个蚊子一样”①。据研究，晚清时期每一种比较先进的思想从提出到得到朝野人士的基本认可，大约都需要经历几十年的时间。② 时人曾纪泽在《中国先睡后醒论》中承认，中国自醒自救的过程非常缓慢。1885年11月，清朝向德国订造的铁甲舰“定远”“镇远”“济远”开回天津，在日本曾一度引起惊慌，但首相伊藤博文却十分淡定，因为他断定中国很快又会昏睡。不幸被他言中，晚清以海军为首的军事技术改革走走停停，直至失败。像海军这种建立在近代机器大工业基础上的军事力量，确实需要体制、科技、人才等的全方位支撑，“现代的军舰不仅是现代大工业的产物，而且同时还是现代大工业的缩影”③。近代机器大工业是一个紧密相连的系统，需要材料加工技术、能源动力开发制造运输、管理制度、科学研究等方面相互促进、相互依托。如果体制没有创新，社会仍在沉睡，几艘铁甲舰确实难以力挽狂澜。虽然郭嵩焘、郑观应、张佩纶等在民用船只海防价值和中国航海事业发展方面思考深刻丰富，但传统军工垄断生产制度的思想依然是主流。认为轮船制造事关国防安危和治安秩序，从历来限制和禁止一下子过渡到鼓励和支持私人制造，无论如何是困难的。晚清

① 《扼紧喉管（漫言）》（1882年8月2日），《福泽谕吉全集》第8卷，第259页。

② 参见王宏斌：《晚清海防：思想与制度研究》，第319页，商务印书馆2005年版。

③ 恩格斯：《反杜林论》，第170页，人民出版社1970年版。

历史上，沈葆桢与丁日昌可以说是最为关心海防建设的官员，却很少得到政府实际的支持。李鸿章说："中国购办铁甲之举……幼丹以死谏，雨生以病争。"[①] 清政府往往用其言而不议其行，行其议而不付诸权。中日两国造船技术水准在19世纪90年代前相当，日本略占优势。从1890年开始，海军改革"始则忧其无成，继则议其多费，或更讥其失体"[②]。

在中国的传统体制中，军人处于底层的地位也严重束缚了社会活力和学习军事技术的热情。中国军人阶层在先秦时期曾具有较高的社会地位，但自东汉以后，军人地位逐渐从社会的最高地位"士"下降到最底层"兵"。宋代以后，中国的社会价值取向以科举入仕为正途而轻视军功战绩，重文轻武、以文制武的定势陈陈相因，积重难返。清末曾出现"总兵帐下无知县，知县随从有总兵"的奇怪现象，清朝虽开有武科，但"武生武举，人皆贱之。应试者少，甚至不能足额，乃以营卒及无赖子弟充之"[③]。20世纪30年代，著名学者雷海宗先生一针见血地指出：中国文化是无兵的文化。[④] "无兵的文化"的影响在于，中国的官僚阶层由知识分子构成，这些知识分子专心于儒家经典著作，因而他们更强调的是伦理原则，而不是手工技艺或战争技术。[⑤] 因此，在近代中西军事交锋中，文官体系的中国对军事敏锐度不高，回应缓慢消极。甲午战争时期，仍然有人顽固地认为学习西方的军事技术是根本错误的。到甲午战争时日本政论家终于发出了这样的感叹：英法联军火烧圆明园已经

① 李鸿章：《议请定购铁甲》光绪六年二月十一日，《李文忠公全书》译署函稿卷10，第25页。

② 左宗棠：《议筹机器雇洋匠在闽罗星塔设局试造轮船以重国防而利漕运折》，《海防档乙·福州船厂》第1号，第6页。

③ 陈登原：《国史旧闻》，第657页，中华书局2001年版。

④ 参见雷海宗：《中国文化与中国的兵》，第101页，商务印书馆2001年版。

⑤ 参见［美］斯塔夫里阿诺斯：《全球通史：从史前史到21世纪》，董书慧、王昶、徐正源译，第445页，北京大学出版社2006年版。

过去了 35 年，长夜之眠至今未醒，文明依然，心灵依然，迷信依然。[①]

即使在甲午大败之后，光绪皇帝和康有为等人想变法图强，慈禧太后也绝不允许。她让光绪皇帝跪在面前，设竹杖于座前，杀气腾腾地训斥道："天下者，祖宗之天下也，汝何敢任意妄为！……康有为之法，能胜于祖宗所立之法？""道"不变，"器"也难变，万金之舰易得，百胜之策难求。[②] 社会神经整体僵化，国家体制惰性十足，使中国在很长时间里失去了自我革新、快速前进的动力。

日本在中古武人执政时代，逐渐打破旧有社会结构，使天皇的"至尊"和武人的"至强"两种思想取得平衡，并在这两种思想当中留下了思考思维的空间，为求变图新活动开辟了道路。相对于中国追求把专制皇权传之万世，日本是在神权政府的基础上配合以武力的国家，日本这种双重因素的存在，使它在转身近代时要比中国轻松得多。[③] 在日本的传统体制中，武士属于特权阶层，处在社会金字塔的顶端。"在日本，当封建制正式开始时，专职的武士阶层便自然地得势了。他们被称为'侍'（samurai），是特权阶级。"[④] 直到 19 世纪中叶，只有贵族和武士家族可以使用姓氏。[⑤] 这种独特的社会结构所衍生的武士道传统贯穿于日本的历史。"武士道从它最初产生的社会阶级经过多种途径流传开来，在大众中间起到了酵母的作用，向全体人民提供了道德标准。武士道最初是作为优秀分子的光荣而起步的，随着时间的推移，成了国民全体的景仰和灵感。"[⑥] 军人的至强地位和全民尚武传统使得日本在学习西方军事技

---

① 参见［日］竹越与三郎：《支那论》，第 90 ~ 92 页。

② 参见皮明勇：《中国近代军事改革》，第 320 页，解放军出版社 2007 年版。

③ 参见［日］福泽谕吉：《文明论概略》，北京编译社译，第 32 页，九州出版社 2008 年版。

④ ［日］新渡户稻造：《武士道》，张俊彦译，第 16 页，商务印书馆 2006 年版。

⑤ 参见［美］本尼迪克特：《菊与刀》，吕万和、熊达云、王智新译，商务印书馆 2005 年版。

⑥ ［日］新渡户稻造：《武士道》，张俊彦译，第 13 页，商务印书馆 2006 年版。

术时没有太大的思想阻碍，甚至还具有强大的社会推动力。19 世纪中期鸦片战争以后，在日本从事兰学的主体已经由武士取代了医生。① 正如日本学者所指出的："对于十九世纪西方各国侵略东方一事反应最敏感的是日本……与文官统治的清朝政权不同，日本的统治者是武士阶级，为了他们的职业身份和国防上的需要，立即提出扩充军备和近代化。"② 明治维新时期，日本的军部成为主导日本社会发展方向的"股肱"③势力，日本军人处于社会的最高层，而不像中国军人那样居于社会的最底层和边缘，缺乏响应军事挑战的激情，这意味着日本拥有一个比中国的文人阶层更易受西方军事技术影响并对此迅速反应的统治阶层。④ 当然，也正因为这样衍生了日本狂热的军国主义。

就整个社会结构而言，明治维新前的日本与西欧封建末期极为相似，更具接受西方近代政治经济制度的环境条件。当日本打开国门与西欧接触之后，不像中国封建体制那样惯性巨大，而是很快显现出符节相合、轻快转身的特点。正如郭沫若说的："日本的负担没有中国那样重，所以便走得快。"⑤ 19 世纪七八十年代中日两国近代化程度相差不远，但是和洋务运动不同的是，日本新兴工业生产力提高很快。日本政府大力支持民间集资制造轮船和武器，把官办造船厂廉价出售给私人，并且制定措施奖励民间造船业。日本敏捷地意识到：在西方军事优势的背后，存在着经过产业革命的产业技术优势；在产业技术优势的深处存在着近代科学思想；有必要培

① 参见［日］杉本勋：《日本科学史》，郑彭年译，第 293 ~ 310 页，商务印书馆 1999 年版。

② ［日］杉本勋：《日本科学史》，郑彭年译，第 329 页，商务印书馆 1999 年版。

③ 明治天皇颁布的《军人敕谕》称军人为"股肱"。

④ 参见［美］斯塔夫里阿诺斯：《全球通史：从史前史到 21 世纪》，董书慧、王昶、徐正源译，第 445 页，北京大学出版社 2006 年版。

⑤ 郭沫若：《沫若文集》第 11 卷，第 72 页，人民文学出版社 1958 年版。

养本国的科技人才。[①] 在中国的革新派正徘徊于创造“物”的阶段，日本却培养了“制造物的人”[②]。正是在这种情况下，日本在立宪、学制改革、设立新式大学、创办杂志、派遣留学生等方面都要快于中国 20~35 年。[③] 在海军兵学校的 700 名毕业生中有 400 人以尉官的身份参加过甲午海战，可以说，甲午战争中日本海军的最大优势正是它经过近代正规教育的一代新型军官。通过体制的轻盈转身近代，日本在“器”与“道”、“物”与“人”、“富”与“强”等方面，自然很快将清朝甩在了后面。

6.2.3 文化的闭与开：拥抱变化的拒迎之异

西方哲学家斯宾格勒说：“战争的精华，却不是胜利，而是在于文化命运的展开。”这句话道出了战争与文化关系的实质。不过，斯宾格勒只说对了一半，在我们看来，战争也是判别文化品格优劣的试金石。中日两国在甲午战争中以快慢决胜负，其实是两国文化心态封闭与开放所带来的不同应变功效。

中华文化以其强大的吸附力成为东亚文明的中心，但在 14~16 世纪却转向自我陶醉和自我封闭，清朝继承发展了明朝的闭关锁国，从顺治初年到康熙二十三年（1684 年）多次下达禁海令，“不许片板下海”“不许片帆入口”[④]，在西方角逐海上的时候却完全背向了海洋。清朝刚刚建立，很快就达到极盛状态，1792 年，乾隆对英国特使马戛尔尼带来的先进武器不屑一顾，说出“天朝无所不有”的豪言壮语。50 年后，面对纷至沓来的列强，道光不知道英国位于何方，中国仍然沉睡在自我想象的世界中心，迷惑于旧习，夸耀于历史，“夷夏之辨”是抗拒外来文化的心理壁垒，将西方列强

---

① 参见［日］杉本勋：《日本科学史》，郑彭年译，第 293~330 页，商务印书馆 1999 年版。

② ［日］杉本勋：《日本科学史》，郑彭年译，第 293~330 页，商务印书馆 1999 年版。

③ 根据实藤惠秀的《中国人留学日本史》的统计图表所得。

④ 《大清会典事例 刑部》卷七七六。

当作夷狄蛮貊来贬低，而不懂得其科学技术，特别是军事航海等方面已经远在自己之上了。[①] 妄自尊大历来与因循苟且紧密相连。鸦片战争后，徐继畬因为撰写《瀛寰志略》（1851 年），被扣上崇洋媚外的帽子，还因此被罢官；郭嵩焘写《使西纪程》（1877 年），介绍西方国家政治制度，竟被列为禁书，朝野上下无他容身之地；黄遵宪刻印《日本国志》（1887 年）无人问津，直到甲午战后才被感叹价值《马关条约》赔款的 2 亿两白银。这些觉醒者的思想被认为是“学鬼蜮伎俩，有伤国体”[②]。先进的观念消耗在与守旧派的争论和拉锯中，[③] 淹没在根深蒂固的长城式防御思想[④]中，禁锢在“中体西用”窄小的变革空间里。近代学习西方受到传统思维和保守力量的掣肘，改革仅限于技术，海权矮化为海防。“拒之于水不如拒之于陆”[⑤]“以守为战”等观念从鸦片战争持续到甲午战争，直至今天影响犹在。“海军政略之要，在于占有制海权。而占有制海权，则在于能否采取攻势运动。清国舰队在作战伊始，就未能采取攻势运动，而采取绝对的守势运动，此乃清国之失算。”北洋海军被当作活动的炮垒，没有夺取制海权的愿望和能力，最后被消灭在威海军港之内。很显然，自闭自大的文化心理，带来的只能是行动迟滞和失败。

岛国日本和英国，被称为欧亚大陆的两只耳朵——消息灵通，善于学习。尤其是日本，一直处于人类文明边缘地带，没有自己的

① 参见《就海防问题上藩主书》（1842 年 11 月 24 日），《渡边华山 高野长英 佐久间象山 横井小楠 桥本左内》，日本思想大系 55，第 284 页。

② 潘思慎：《三上彭宫保（雪琴）书》，《近代中国史料丛刊》第 616 辑，第 10 ~ 11 页，台北文海出版社影印本。

③ 如 19 世纪 60 年代成立同文馆时守旧派倭仁、张盛藻、李慈铭与革新派奕䜣的辩论，结果算学馆因“投考者寥寥”而名存实亡。

④ 如盛京将军都兴阿重视岸防，认为水战只是一种辅助措施，湖南巡抚王文韶认为海防的重点在陆地，两江总督李宗羲也强调海防应以岸防为主。

⑤ 李湘棻：《江南善后事宜折》道光二十三年正月二十五，《筹办夷务始末》（道光朝）卷 65，第 16 页。

“轴心文明”时代，其生存哲学是以强者为师、以败者为鉴。自古以来，日本在接触外来文化时，基本上都经过从“顺从”到“吸收”这一过程。随时关注周围的变化，等待时机一到，立刻奋起直追，以求取他山之石，攻己之玉。① 先以中国为师，16 世纪“在国际方面弥漫着前所未有的开放气氛”②。转而学习葡萄牙、西班牙，17～18 世纪后掀起“兰学热”。1838 年著名兰学家绪方洪庵在大阪设私塾“适斋”传授兰学，他的学生中很多都成为维新著名活动家，如福泽谕吉、大鸟圭介、桥本左内、大村益次郎、长与专斋等。这其中不少人成为甲午战争的思想、军事、政治启蒙人物。明治维新时期的日本，全力学习西方以“脱亚入欧”，不像清政府仅限于技术仿效，而是力求在制度上、文化上与西方相通、相同。③ 19 世纪中期的鸦片战争没有惊醒中国却惊醒了日本，日本“以鸦片战争为契机转换了历史大方向”，“幕府终于不得不踏上开国之路，从而决定了以后日本的方向”。④ 日本著名的武士西乡隆盛说：“有两种机会，一种是偶然碰上的，另一种是我们创造的。在非常艰难的时刻，一定要自己创造出机会。”日本仿效西方，断行维新，明治天皇提出“开拓万里波涛，宣布国威于四方……求知识于世界”，一举成为东亚最早的近代化国家。正如福泽谕吉所说的，学习不应单纯仿效文明的外形而必须首先具有文明的精神，以与外形相适应。⑤ 1854～1856 年三年之内，日本的《海国图志》翻刻本多达 22 种，日本知识分子争读此书，称《海国图志》为“海防宝鉴”，

① 参见［日］土居健郎：《日本人的心理结构》，阎小妹译，第 28～29 页，商务印书馆 2012 年版。

② ［日］家永三郎：《日本文化史》，刘绩生译，第 131 页，商务印书馆 1992 年版。

③ 参见［日］福泽谕吉：《文明论概略》，北京编译社译，第 23 页，九州出版社 2008 年版。

④ ［日］增田涉：《西学东渐与中国事情》，由其民、周启乾译，第 33 页，江苏人民出版社 2010 年版。

⑤ 参见［日］福泽谕吉：《文明论概略》，北京编译社译，第 23 页，九州出版社 2008 年版。

“天下武夫必读之书”，一些人因此“思想起了革命”，[①] 这样热烈地学习吸收与此书在自己国土上沉寂20年的落寞情景形成鲜明对比。日本引入马汉的“海权论”，改造转化为“海主陆从”“海洋主义”“大海军主义”等理论，渐渐萌发了海洋国家意识，推行海上“南进”行动。甲午战争侵占台湾就是大海军主义和海上“南进”战略的重要体现。

中日文化心理的封闭与开放，最终导致亚洲文化师生角色对换，中心与边缘地位逆转。清朝认为日本在政治、经济、文化习俗上的西化是“轻佻躁进”，嘲笑日本是“模拟欧洲文明之皮相的一个小岛夷国”，而日本则侮蔑中国是一个“顽迷愚昧的一大保守国”[②]。“两国虽仅有一海之隔，竟然出现一种奇异的现象：一方积极采取西欧文明，另一方却力图保守东方积习”[③]。没有经历打击的痛苦而开放进取的民族具有前瞻性的智慧，经历打击的痛苦而变革求新的民族具有适应性的能力，反复经历打击的痛苦才能艰难学习的民族将一次次与机遇失之交臂，付出沉重的历史代价。先行还是同行或慢行于时代具有天壤之别。愿意的人，领着命运走，不愿意的人，被命运拖着走。

时间与空间一样，是战争的重要维度，是战争运动的基本依托，是体现战争效能的显著标志，是战争指导者能够利用的一种资源，也是战争实施者的一种追求。时间的问题，既包括快与慢的问题，也包括长与短的问题，并且主要是由快慢决定长短。甲午战争告诉我们，传统战争虽然经常被人们认为是“大吃小”，其实同样也是“快吃慢”。在战场上，以慢吞吞对应快捷之敌，显然是必败无疑。以快胜慢，可以说是战争制胜的通则之一。只不过随着信息时代的到来，在高度机械化的基础上再加上信息化，战争的运转速

① ［日］井上清：《日本现代史》第一卷，第214～215页，三联书店1956年版。

② ［日］陆奥宗光：《蹇蹇录》，第44～45页，岩波书店1977年版。

③ ［日］陆奥宗光：《蹇蹇录》，伊舍石译，谷长青校，第27～28页，商务印书馆1963年版。

度进一步显著提高。“快吃慢”还成为信息化战争的耀眼标签。据美国著名的政治学家昆西·赖特研究表明：战争的时间长度及其与和平年份之间的比例都在减小。虽然16～19世纪期间的大规模战争常常持续10年以上，但也存在着许多持续时间短的小型战争。在3个世纪中，每场战争的平均持续时间大约为5年，而在19世纪的这一同比持续时间则为3年。20世纪头40年中，每场战争的平均持续时间是2.6年。[①] 实际上，认识到传统战争的以快慢定胜负，更加有利于我们深刻认识信息化战争“快吃慢”的实质。

或许有人会问，中国革命战争和抗日战争是靠持久战取胜的，持久战不是意味着战争漫长吗？事实上，持久战的漫长是敌强我弱条件下的被迫战略选择，是着眼最后胜利的积极应对，并且是与付出沉重代价联系在一起的。八年全面抗战的胜利，中华民族确实付出了惨重的牺牲。更重要的是，战略的持久又必须与战役战斗上的速决并重，慢中必须有快，快与慢结合体现了高超的战争艺术。如果一味慢，只有慢，那必然只有一种结果，就是完完全全的失败。毛泽东说：“战略的持久战，战役和战斗的速决战，这是一件事的两方面，这是国内战争的两个同时并重的原则，也可以适用于反对帝国主义的战争。”[②] 对战争行动快慢问题的认知，结合战争力量的强弱对比，内容就更加丰富、深刻，而这是甲午战争时期清朝政府和清军官兵的视野无法达到的。战争是国家综合能力的最直接的对抗和碰撞，快慢之间，是政府决策、经济实力、军事水平、民族性格等整体文明的体现，社会的散与聚、体制的重与轻、文化的闭与开在快慢胜负之间表露得淋漓尽致。

需要注意的是，在快慢之间保持平衡尤为重要。日本民族具有

---

① 参见［美］昆西·赖特：《战争研究——第二版，包含了对自1942年以来战争的评论》，上册，军事科学院外国军事研究部译，第190页，军事科学出版社2013年版。

② 《毛泽东选集》第1卷，第233页，人民出版社1991年版。

“受迫害妄想症”的病态心理，误认为自己受到攻击非难。[①] 这个心理会让国家没有节制，陷入“集团歇斯底里”，即一方面敏感地对周围的动向做出反应，另一方面常常会不择手段地采取过激行动。[②] 历史已经反复证明了这一点，从丰臣秀吉要快速征服朝鲜、中国、印度以至征服整个亚洲甚至世界的计划和行动，到19世纪末的甲午战争和20世纪中期的侵华战争，都是这种受迫害病态心理的体现，这会导致野心膨胀和行动急速，比如甲午战争和侵华战争中都是军部行动快于政府决策。而晚清中国又走到了另一个极端，整个民族体现出来的是盲目的安全和文化优越感，忧患意识全无。这就导致对外界的动向反应迟钝，行动极其迟缓，频繁错失机遇，国家长期停滞被动。老态龙钟的大国缓慢应对激进快速的邻近小国所付出的沉重历史代价就是：以漫长的持久拉锯和广阔国土沦陷、巨大军民伤亡来消耗日本的快速入侵。

约米尼的那句“战争似乎与一千种因素有关”道出了战争的丰富内涵。“战争曾经始终是所有过于内向、过于深沉的精神的伟大智慧。”[③] “战争发生在天堂、在存在的另一个星球上、在精神的深处……民族的斗争是精神力量的斗争、最高命运的斗争。”[④] 国家之间的竞争，是力量的竞争，也是观念、战略视野的竞争。这检验着民族智慧。其贯通古今的道理是：只有平时磨砺快的兵锋，战时才能迅疾如风；只有大力改革创新，兵锋才会常锐不钝；要想战胜对手，首先必须不断战胜自己。

---

① 参见［日］土居健郎：《日本人的心理结构》，阎小妹译，第94页，商务印书馆2012年版。

② 参见［日］土居健郎：《日本人的心理结构》，阎小妹译，第101页，商务印书馆2012年版。

③ ［德］尼采：《偶像的黄昏》，李超杰译，前言，商务印书馆2013年版。

④ ［俄］尼古拉·别尔嘉耶夫：《俄罗斯的命运》，汪剑钊译，第150、170页，译林出版社2011年版。

7 历史的穿越与回归：近代中国海洋观念的启示

“大海给了我们茫茫无定、浩浩无际和渺渺无限的观念；人类在大海的无限里感到他自己底无限的时候，他们就被激起了勇气，要去超越那有限的一切。大海邀请人类从事征服，从事掠夺，但是同时也鼓励人类追求利润，从事商业。平凡的土地、平凡的平原流域把人类束缚在土壤上，把他卷入无穷的依赖性里边，但是大海却挟着人类超越了那些思想和行动的有限的圈子。”① 我们如何以无限的观念去超越思想和行动的有限而走向海洋？

逝去的是岁月，留下的是思考。赫胥黎说：“人们不大记得的历史教训，正是历史给人的一切教训中之最重大者。”中国近代海洋观念的起起落落不应该蒙上历史的尘埃，而要成为智慧的火炬，照亮这个古老的而今充满活力的大国航程。应以多学科视野完成中国走向海洋的思维模式转换，从地理到地缘来把握中国走向海洋的新机遇与新挑战，以发展利益来驱动中国走向海洋的强大内生动力，最后将民族主义的理性与激情相结合。

7.1 多学科视野：中国走向海洋的思维模式转换

“如同一场没有尽头的接力赛，在16世纪以前，人类的生命在漫长岁月里一直是缓缓步行的，自17世纪起，西方人迈开了迅速的步伐，当进入18世纪时，西方开始了奔跑，无论是科学技术上，还

① ［德］黑格尔：《历史哲学》，王造时译，第93页，上海书店出版社2001年版。

是意识形态上，都产生了意义重大的突破。1739 年休谟的《人性论》诞生；1748 年孟德斯鸠出版了《论法的精神》，不仅提出了著名的“三权分立”学说，而且较早强调了地理环境对社会政治制度和文化的巨大作用；1751 年狄德罗出任《百科全书》的主编；1762 年卢梭发表了惊世骇俗的《民约论》；1769 年瓦特发明蒸汽机，这一划时代的发明，使人类进入了工业革命的时代；1776 年美国《独立宣言》发表，标志了世界上第一个没有帝王而由人民选举总统的国家诞生；同年，英国经济学家亚当·斯密发表了古典经济学名著《国富论》；1789 年法国大革命爆发，发表了《人权宣言》……”①丰厚的知识为新思想的喷薄而出提供了坚实的基础。“知识的储备是思想接受的前提，知识的变动是思想变动的先兆。”② 德国哲学家黑格尔在 1820 年的《历史哲学》中极力赞美海洋和海洋国家开放的心态、强大的活力；美国军事学家马汉在 1885 年开始了惊世之作《海权对历史的影响（1660～1783）》等的创作，直接宣称了海权至上的观念。19 世纪从哲学、地理学、军事学等各个视角来阐释海洋观念的热潮，是欧洲 15～17 世纪大航海行动的投射，是 16～19 世纪欧洲海上争霸现实的反映：16 世纪葡萄牙和西班牙在欧洲的海外事业中遥遥领先，而整个 17 世纪属于荷兰“海上马车夫”的时代，18 世纪则是英国挑战荷兰成为海上霸主的世纪，1898 年即 19 世纪末的美西战争是美国夺取海权的开始。正是这种多学科的视野观照，西方的海洋观念才能不断地深入和立体，渐渐在各种思维的碰撞和融合中走向成熟，进而与海洋行动互助为长。

美国著名历史学家林恩·怀特教授评论说：“中世纪后期最可夸耀的不是那时的大教堂、史诗或经院哲学，而是有史以来首次建立的一种复杂文明。这种文明并非建立在挥汗苦干的奴隶或苦力的

① 邹振环：《晚清西方地理学在中国——以 1815 年至 1911 年西方地理学译著的传播与影响为中心》，第 61～62 页，上海古籍出版社 2000 年版。

② 葛兆光：《七世纪前中国的知识、思想与信仰世界——中国思想史第一卷》，第 29 页，复旦大学出版社 1998 年版。

背脊上，而主要以非人力的动力为基础。”[①] 其实，林恩·怀特教授所说的复杂文明是涉及活动方方面面的丰富多彩的技术，这种贯穿在生活各个层面的技术实际上是哲学、艺术、科学精神构成的整体文明在实用层面的折射。“就欧洲扩张来说，最重大的技术进步表现在造船、航海设备、航海术和海军装备方面。在1200至1500年间，欧洲普通船舶的吨位增加了一倍或二倍……在16世纪的前20年中，佛兰德、德国和稍后的英国的冶金学家发展了铸炮技术……这时，海军的战术已由设法攻入敌船转为舷炮齐射；对军舰也重新予以设计，很快每艘军舰平均能架置40门炮……这些发展给欧洲人以一个决定性的条件，使他们能夺取并控制世界各大洋。”[②] 英国17世纪开始海上的崛起得益于商业、海军和科学结为一体。英国第一个伟大的海洋专家理查德·哈克卢特[③]在1589、1598、1600年发表了三卷《英国的主要航海经历》的巨著。它成为英国航海事业的圣经和史诗，与海洋搏斗的英雄气概、贸易、政治、海上霸权和建立大英帝国都成了同义词。1598年建立的葛莱夏姆学院（Gresham College）的数学家、天文学家和其他自然科学家与造船技师、船长、领航员以及海军官员保持着密切交往。于是科学热情、进步愿望和清教徒的激进精神汇合在一起，支持海军和对外贸易。[④]

“中体西用”意味着清朝政府关于制度对军事力量发展的重要性一无所知，因此军事发展有前势、无后劲，其后期停滞除了表面上的原因外，深层原因就在于缺乏必要的制度支持。可以说，即使

① ［美］斯塔夫里阿诺斯：《全球通史：从史前史到21世纪》下册，吴象婴、梁赤民译，第22页，上海社会科学院出版社1999年版。

② ［美］斯塔夫里阿诺斯：《全球通史：从史前史到21世纪》下册，吴象婴、梁赤民译，第25页，上海社会科学院出版社1999年版。

③ 理查德·哈克卢特（Richard Hakluyt，约1552~1616），英国地理学家，于1582年发表《涉及发现美洲的各次航行》，1589年著《英国的主要航海经历》，促进了17世纪英国海外殖民事业的发展。

④ 参见［奥地利］弗里德里希·希尔：《欧洲思想史》，赵复三译，第383页，广西师范大学出版社2007年版。

海军经费没有被挪用，其发展也难以持续。清朝在“中体西用”思想的指导下只看到了技术的因素，不重视制度和观念因素，李鸿章说：“中西用兵之法大略相同”。清朝学习西方先进的军事科学技术，是一种面对强力“外在”威胁而产生的本能的避害反应，学习范围仅局限于军事技术，在政体、社会、意识形态方面无自觉的响应。换言之，“西用”的逻辑不足以改变“中体”的结构，因此研制和改良器械所必须具有的心思、资源始终无法集中、调动。社会没有在思想、经济、军事、政治等各方面有急剧变化并相互刺激，清朝海军在单线独进的短期迅速发展之后，加强和提升它的力量就只能是一个梦想。由此可见，单纯学习军事科学技术没有给清朝海军带来持续的发展和强大，短暂的繁荣之后，弊端百出，最终走向衰落。现代化的技术和人才在腐朽滞后的制度根基上不可能有超越性的作为，更结不出近代文明的硕果。正如麦尼尔在《竞逐富强》中所论述的，西方军事的现代化历程，实际上是与政治、经济、文化各个领域步入现代化密不可分的。清朝海军的进步，同样必须在各个领域的相互促动下前进，至少清政府应自觉地意识到这一点。否则，这只能是一次艰难而苦涩的尝试，它局限于微观的军事技术战略，是经受不起挑战的。甲午海战的悲剧就是明证。综上所述，从行动—反应模型来看，由于外在需求减弱，清朝在拥有了较为强大的海军力量之后，危机意识逐渐弱化。长期处于东亚文明“中心地带”的清朝，海军改革时断时续、步履蹒跚，直至停滞，近海型的海军在甲午海战中不堪一击；从国内结构模型来看，因为内在动力的缺失，清朝滞后的政体、经济、意识、文化不能给海军的进步提供动力支持，反而禁锢和阻碍了军事变革的进程，狭隘的军事领域的改革有前势、无后劲，最终窒息在腐朽的制度中。然而，清朝海军后期的停滞还不只是一个简单的军备动力的问题，它是处在那个特殊历史时期中的典型事件。清朝海军的停滞实质上反映了中国在学习和建立近代军事文明上的失败。而这个失败，其原因则要深刻得多。它不是哪个政府或国家的主观能力问题，而是两种不同文明能否共存的客观规律问题。19 世纪末的中国仍然是一个以内陆—农业—官僚文明主导的社会，而西方社会则早已进入了海洋—商业—军事文明。事实上，海洋—商业—军事文明早在古希腊时期就已经初具雏形。其海外贸易不但非常繁荣，作为希腊文明的一部分，斯巴达的军事文明也已高度发达。15 世纪后，随着新兴资产阶级开始向海外大肆掠夺和扩张，西方近代海军开始迅速发展，海权观念不断加强，最终形成强大的近代军事文明。扩张、征服甚至崇尚战争成为这种文明的首要特征。例如：美国实用主义哲学家詹姆斯相信战争对于“防止一个民族演变得男人都带女子气”①是必要的；意大利政治学和历史学家克罗齐甚至赞美“战争和暴力以及其他种种邪恶对人类进步都是不可缺少的”②。反观中国，由于内陆的地理环境和长期的农业经济结构，尽管我们也有著名的海上丝绸之路、明朝七下西洋的伟大壮举，但除了元朝之外，扩张性的军事文明从来都不是中华文明的主导力量。中国哲学几乎所有的流派都不赞成动武。甚至在整部《孙子兵法》中，使用“力（武力）”一词仅仅 9 次，而克劳塞维茨仅在《战争论》第一篇第二章的两个段落里定义战争时，就 8 次使用“暴力”一词。③ 不仅如此，在中国，军事甚至完全不被文化这个概念所容纳。黄兴涛在考察清末民初现代“文明”和“文化”观念的兴起时也发现：传统中国的文明和文化观念重视的只是道德教养和学问知识，物质经济、军事武备方面的内容是受到极端轻视的，“它们根本不被视为‘文明’和‘文化’的题中应有之义”。与日本有武士道传统相比，军事文明在古代中国缺乏土壤从而导致了它在近代中国难以扎根，其具体表现就是清朝海军的后期停滞。另一个更具深层的原因在于：以大炮巨舰展现在国

① ［美］爱·麦·伯恩斯：《当代世界政治理论》，第 88 页，商务印书馆 1990 年版。

② ［美］爱·麦·伯恩斯：《当代世界政治理论》，第 243 页，商务印书馆 1990 年版。

③ 转引自［美］威廉森·默里等：《缔造战略：统治者、国家与战争》，时殷弘等译，第 105 页，世界知识出版社 2004 年版。

人面前的近代西方军事从来就不只是一种军备和武力。军事首先是一种军事文明，其次才作为武力而存在。事实上，在一定意义上，军事文明是整个西方文明的缩影，是西方近代社会文明综合进步的结果和体现。在现代战略上，军事是政治的继续，而在文明的发展历程中，军事文明则是政治文明的肇始。在古希腊和罗马这两个最重要的西方政治模式中，政府体制和军事体制就是密切地交织在一起的。雅典城邦就战略政策进行辩论，并且定期从自身的成员中选举将军。而罗马共和国的统治精英则完全由曾经从军打仗的人组成，服役参战是担任政府官职绝对必需的先决条件。近代政治学的奠基人之一马基雅维利的政治思想也完全来源于古罗马的军事文明。恩格斯也指出："战争比和平成熟的早：某些经济关系如雇佣劳动、机器之类由于战争在军队中比在资本主义社会内部更早发展。"① 因此，中国自古代一直延续到近代几乎亘古未变的官僚文明，与西方在古代就已萌芽，至近代更加成熟的军事文明，实质上是两种不同的政治文明。前者强调稳定，后者侧重效率；前者偏好守成，后者崇尚进取；前者主张内敛，后者倡导开拓；前者尚武好力，后者轻武鄙力：二者难以相容。当军事文明与官僚文明遭遇时，二者只有一个能留存。因为它们是两种不同的政治文明，代表了两种不同的政体，而在一个统一国家中，是无法维持两个不同政体的。如果清朝不只是简单购买西方的先进武器，而是试图引进整个西方近代军事文明，那么其自身的官僚文明就会自动解体，这才是清朝海军后期停滞的根本原因。

因此，避免单线独进，提升整体文明，以多学科视野观照海洋是真正具有长远视野的路径。军事学是研究、指导战争的学问，因战争而起伏。约米尼的那句"战争似乎与一千种因素有关"已成为至理名言。军事学又何尝不是与一千种因素相关。军事不是孤立的活动，它涉及国家的政治、经济、科学技术、文化教育、意识形态

① 《马克思恩格斯列宁斯大林论军事问题》，第1页，人民出版社1958年版。

等各个方面，既受这些因素的制约，又对它们产生不同程度的影响。正如中国古代著名军事家孙武所说："兵者，国之大事，死生之地，存亡之道，不可不察也。"古今中外，没有整体文明和多学科支撑的军事科技在短暂繁荣之后，会付出高昂的代价。

任何一个军事强国都是由整体文明支撑的，正如战略学家李际均将军所指出的：每一种战略思维的背后都有一种哲学。戴高乐说，在亚历山大的行动里，我们能够发现亚里士多德。同样，我们在拿破仑的行动里可以发现卢梭和狄德罗的哲学，在希特勒的行动里可以清楚地看到尼采，而在东条英机的行动里则可以发现福泽谕吉。一个国家成为学术和经济中心时也必然成为军事强国。19世纪，德国文学、艺术、哲学、科学构成了丰富图景，贝多芬、康德、黑格尔、俾斯麦、毛奇等应运而生。一个国家既需要爱迪生式的人物，也需要爱因斯坦，还需要康德、贝多芬等来构成整体文明，而不是急功近利地短期发展。正如麦尼尔在《竞逐富强》中所论述的那样，西方军事的现代化历程，实际上是与政治、经济、文化各个领域步入现代化密不可分的。

诚如战略学者钮先钟曾指出的那样："战略研究有四种境界：历史境界、科学境界、艺术境界、哲学境界。这四者之间有微妙关系，并且合而为一，共同形成一个整体。"① 如图所示②：

哲学境界→ 究天人之际→ 灵感
↑　　　↑　　　↑
艺术境界→ 探无形之秘→ 智慧
↑　　　↑　　　↑
科学境界→ 识事理之常→ 知识
↑　　　↑　　　↑
历史境界→ 通古今之变 →经验

① 钮先钟：《战略研究》，第285页，广西师范大学出版社2003年版。

② 钮先钟：《战略研究》，第285页，广西师范大学出版社2003年版。

战略是经验、知识、智能和灵感的集合体。大海不仅仅是战略家的舞台，也是各门科学共同的舞台。现代科学的发展为我们描绘了一幅完整的世界图式，也就是一切事物都表现出组合创造的系统性。将海洋观念上升到战略层面来看，纯粹的军事视野是单薄的，甚至是短视的。军事学具有强烈的现实性，正因为如此马汉的海权论超越美国当时的孤立主义现状的预测和前瞻才显得分外可贵。近代中国军事学和海洋观念由于应急应危而显得更加现实和短视，这种视野上的盲区可以由自然科学家、地理学家、经济学家、历史学家、哲学家等弥补，这种弥补显现的不仅是学科“无用”之学与致用之学的互补，而且也是现实与未来的融合，是社会有机体的骨骼、血脉、筋肉和神经系统的结合互动。

7.2 从地理到地缘：中国走向海洋的新机遇与新挑战

地理和地缘在国家发展中起着无可替代的作用。摩根索曾说：“国家强权所依据的最稳定的因素显然是地理。”① 马汉也强调：“威力的方程式是力量加位置。”② 地理和地缘既有相同点，也有差别。地理是纯粹自然的，地缘则有丰富的政治、军事、文化内涵；地理是静态的，地缘是动态的；地理是不变的，地缘却是多变的；地理便于测定计算，地缘却是难于计算判断的。总之，地理被赋予丰富多元的政治、军事、文化因素就成了地缘。

由于受地理障碍、生产方式和科学发展的影响，无论是古代中国还是西方的地缘思想，都零散不成系统，区域性交流产生不了世界性的地缘眼界。但从16世纪开始，人类从区域历史走向了世界历史。伴随着这一历史过程，地缘视野迅速扩展。19世纪中期到20世纪初，西方工业革命如火如荼地进行着。欧洲在“均势”的理念

① ［美］汉斯·摩根索：《国际纵横策论——争强权，求和平》，卢明华等译，第151页，上海译文出版社1995年版。

② ［美］艾·塞·马汉：《海军战略》，蔡鸿幹、田常吉译，中文版序言第2页，商务印书馆2003年版。

中一方面平衡欧洲的关系，另一方面在全球范围内开始了更加剧烈的分配和角逐，美国在内外稳定之后也渐渐突破孤立主义。正如当时斯潘塞·威尔金森所讲述的那样："仅在半个世纪以前，政治家还只在几处棋格里走棋，而棋盘上的余部都空闲着。但是现在，世界业已成为一个星罗棋布的棋盘，政治家的每个行动，都要考虑一个棋盘上所有的棋格。"[①] 在这样的历史背景中，西方地缘政治学开始萌发，为全球角逐提供理论支撑。1897 年德国地理学学者拉采尔在其《政治地理学》一书中，提出了"国家有机体""生存空间""边疆动态论"。随后，发表了《生存空间论》一文，认为国家就像有机体一样有兴盛、衰亡的过程，国家的兴盛需要广阔空间。同时提出，只有海洋才能造就真正的世界强国。跨过海洋这一步在任何民族的历史上都是一个重大事件。1917 年瑞典政治学家哲伦接受了拉采尔的思想，首创"地缘政治学"并提出强国才有生存空间，认为一个强国的主要条件是宽阔的内部凝聚力、外部交通的流畅，构想以德国为中心打造一个北欧集团，共同对抗俄罗斯。1890 年美国军事家马汉的"海权论"对美国、英国、日本、德国的外交政策产生了广泛的影响，马汉提出要关注欧亚大陆，认为美国应该与英国、日本这样的欧亚大陆边缘强国共同合作，对抗处于欧亚核心区域的强国，以避免处于欧亚大陆重要位置的大国通过控制欧亚大陆的中心地区控制边缘地区，最终对美国形成两面夹击的战略态势。1914 年英国地理学家麦金德提出"大陆心脏地带"这一战略概念，认为谁控制东欧大陆地带，谁就能统治世界岛，从而主宰世界。他认为俄国的扩张和收缩对世界有极其重要的影响。他被称为"陆权派"，成为第一个以全球战略观点来分析世界政治力量的学者，把地理学变成国际政策与战略的重要辅佐的开创者。这些地缘政治思想既是欧美国家全球角逐的产物，又是这种角逐的动力，在西方国

① ［英］杰弗里·帕克：《二十世纪的西方地理政治思想》，李亦明译，第 10 页，解放军出版社 1992 年版。

家的战略思维和方针制定上起到过重要作用，但是对中国的影响却是微乎其微。

中国自古将仰观天象、俯察地理看作是王者之法，是治理国家的重要手段。但中国的地理地缘视野几乎一直面向陆地、背向海洋，走的是一条“内部扩张”的道路。[①] 因此，地缘高度就无法上升到全球的层次，而是反复解读国内政治地理。从垂直、封闭的国内政治走向横向、开放的国际政治需要漫长的实践和理论探索，哪怕在面临巨大的打击时也无法迅速地转向和改变。地缘政治分析的本质在于国际政治权力与地理环境的关系，以这个标准来看，近代中国思想家、政治家的视野基本上在地理层面徘徊而没有上升到地缘高度。在中国近现代海洋观念中，魏源的视野和研究是有成就的，对世界东西方国家地理情况有自己的见解，但只是一般性的地理条件描述，而没有进入到地缘层面，很少谈到国家与国家之间的地理关系问题，特别是他国与中国的地理关系问题。仅有的突破是对俄罗斯与中国西北地理关系的认知，这成为他思想的一个亮点。更何况，魏源反复强调“守外洋不如守海口，守海口不如守内河”，多次提出“择地利，守内河，坚垣垒，练精卒，备火攻，设奇伏”，甚至还萌生了放弃定海等岛屿的想法。这样的海洋认知显然不是建立在宽广的地缘视野之上的。简而言之，魏源有地理的视野，没有地缘的意识。地理学的观察是一种独到而难得的专业视角，张其昀的思想则代表了地理学家海洋观念的最高认知水平。正是这种观察视角和研究结果，使得这一时期中国人对海洋的认知，表现出与传统明显不同的新的时代与专业气息。张其昀对中国沿海海面、海岸、海岛、海波和海权等问题的研究，因其体现出的新的地理学视野而令人耳目一新。他提出“以海国精神谋求中国未来之发展”，强调“东北为中华民族之生命线，南洋则为吾民族之第二故乡”，

① 参见［美］伊曼纽尔·沃勒斯坦：《现代世界体系》第1卷，尤来寅等译，第43页，高等教育出版社1998年版。

特别是主张建都于河港兼海港的南京，更是显现了中国人海洋观念新的科学性、前瞻性和现实性。而从另一方面看，中国自古以来地缘视野集中在陆地相邻国家，面对没有边界的海洋和遥远的海洋国家凸显了历史智慧的苍白。我们也深切地感受到，中国近现代对海洋问题的观察总体上还处于地理学的层面上，虽然其中不乏望远之眼，但并未从国与国之间的高度去观察更为宏观的地理关系，也就是没有上升到地缘的高度来思考海洋问题，因而也就不免存在相当的局限。

历史给我们的一个重要启示是：在地缘上无知的代价是巨大的。高度决定视野，而视野决定认知水平。正如地理学使近代中国人对海洋的认知实现了首次突破，今天我们应当站在更高的层面，以地缘政治、地缘战略的视野来观察和思考海洋问题，努力实现对海洋认知的新超越，积极推进新的海洋观念和新的海洋战略的建立。在今天，“地理依然重要。它重要在战略及战术的军事和政治意义，以及从文化角度出发的领土意义上；它还重要在资源、人口以及物质系统的空间分布意义上”①。

首先，从“陆海兼备”的大背景中认识中国海洋问题的战略特性。就基本自然条件而言，中国是一个陆海兼备型国家，陆海相接，坐陆临海。中国是欧亚大陆和亚太地区的重要大国，显然处于一个陆权和海权之间的枢纽位置，也横跨并连接着“心脏地带”和“边缘地带”。从海陆空间关系来看，中国是世界上少有的陆疆和海疆都十分辽阔的大国，兼具陆地大国和濒海大国的双重身份。当然，在不同时代条件下，陆地与海洋对中华民族具有明显不同的意义。近代以前的绝大多数时间里，主要是“大陆”的特性在起作用，中华民族因此被称为大陆民族。进入近代以后，海洋的重要性显著上升，海洋对于中华民族安全与发展的利害关联度空前提高，

① 参见［美］索尔·科恩：《地缘政治学——国际关系的地理学》，严春松译，第3页，上海社会科学院出版社2011年版。

其结果是传统的陆地边疆问题没有解决，来自海洋方向的危机又纷至沓来，塞防海防同时告急。20 世纪 80 年代以来，随着中国全面融入世界和经济实力大幅提升，以中国为主体的东亚成为“世界第三地缘战略辖区和全球权力方程中的一个平衡力量”，这一地缘战略辖区与以美国为主的海洋地缘战略辖区和以俄罗斯为主的大陆地缘战略辖区相比，其最大的特点就是陆海兼备。具体说来，中国既处在心脏地带辖区和海洋辖区之间的中心位置，又独立于二者之外，成为当今世界第三大战略竞争力量，全球战略均衡也因此由“两极均势”转变为“三角支点”。在这个过程中，中国自身大陆与海洋的一体性问题日益凸显出来。一方面，中国本土经济发展对海洋的依赖性，或者说海洋对中国经济发展的贡献度空前提高，可以说大陆的发展已经离不开海洋。另一方面，对海洋安全的维护问题变得更加紧迫，而且海洋安全更加有赖于充分发挥陆地本土的优势，坚持倚陆向海、以陆制海与以海制海相结合。“力量加位置才能形成优势。”① 总之，从大的历史格局和脉络看，陆海兼备的地理特性曾经使近代中国腹背受敌而陷于战略被动，今天我们却可以着力发掘陆海兼备的独特地缘优长，由此出发构建中国特有的地缘战略，以此为基础统筹本土防卫和海洋安全，使陆地和海洋在中国国家安全中高度一体化，构建新的国家安全战略布局。

陆海兼备，一般情况下谋求发展可以两面取利，海陆双栖，向陆向海双向贯通，既有舟楫渔盐之利，又有陆地巨大发展空间。同时，它在安全方面却容易两面受害，总有摆不脱的周邻强国，在近代以后还容易遭到海外列强由海路发起的攻击，而且常常被直击要害。在历史上，处于陆海兼备位置的欧亚大陆国家，比纯粹的内陆国家往往有更好的发展，出现了很多有声有色的国家。在新航路开辟以前，它比纯粹的海洋国家也有更好的发展。近代以后，有一个

① ［美］艾·塞·马汉：《海军战略》，蔡鸿幹、田常吉译，第 53 页，商务印书馆 2012 年版。

纯海岛国家优胜于欧亚大陆上陆海兼备国家的历史时期，体现了海权胜于陆权的时代特征。比如“日不落”帝国英国，法国、德国都与英国较量，都没能竞争过。再后来，则在欧亚大陆以外地区开始显示出陆海兼备的优势，主要是美国。美国代替英国成为世界首强，很重要的一点就是美洲大陆为它提供了巨大的经济发展空间和丰富的战略资源，这是英伦三岛不可比拟的。美国在与苏联的冷战中胜出，这种地缘条件也发挥了很大的作用，因为它没有强大的邻国，苏联却西有北约、东有中国、南有南亚。美国也是至今独享陆海兼备之利的唯一世界性大国，只不过它不在欧亚大陆。

对于欧亚大陆上的陆海兼备国家来说，要在未来有大的作为，很关键的一点在于如何充分利用欧亚大陆上的巨大发展空间，而不受来自陆地邻国的巨大安全威胁。在海洋方向，则在于如何充分利用海洋上的国际公共空间。当然，做到这一点很难，遇到的障碍非常大。纯海洋国家遏制欧亚大陆上陆海兼备国家的最厉害的手段，恐怕是启动这些国家与邻国相斗这一手，也就是“离岸制衡”。这是欧亚大陆上陆海兼备国家的软肋，正因为存在这个软肋，它们无法全力去争海权，并从根本上决定了它们的大陆性国家特性永远无法改变。这里说的欧亚大陆上的陆海兼备国家，主要是指中、法、德等国。至于欧亚大陆上的半岛国家，却是另一种情形。它们没有大的战略纵深，也就是说得不到欧亚大陆的依靠和支撑，但却有可能受到邻国的安全威胁，因而它们也没有纯海岛国家的地缘优势。

从大战略的层面讲，中国发展海权的前提条件是，必须确保与俄、印等陆上强邻的友好关系，以保证北部、西部、西南方向的稳定。毛泽东在1959年说过：我们不会在东边树敌于美，西边树敌于印，两个拳头打人，我们没有这样蠢。并强调：这是我们的国策。摆脱海陆被动的困境，利用海陆两栖的优势，从纯防务的角度看，中国的基本战略选择似是：在建立巩固的陆权的基础上，综合运用远程作战力量，“依陆向海”，以陆控海，也就是美国讲的“反介入、区域拒止作战”能力。

概括地说，认识陆海兼备问题，要建立三种形态、四种时态的思维和分析框架。三种形态：一是欧亚大陆上的陆海兼备国家，如中法德，二是欧亚大陆半岛上的陆海兼备国家，三是欧亚大陆以外的陆海兼备国家。四种时态：一是中古以前，缺乏跨洋交通手段，主要是形成欧亚大陆的地区性力量中心。二是新航路开辟以后，开始出现全球性大国，欧亚大陆区域性的陆海兼备国家被压而衰落下去。三是20世纪以后，全球性的殖民体系瓦解，要继续成为世界强国就需要自身有很大的国土面积，而欧亚大陆上的国家因为强邻制衡问题，显然不如美国拥有优势。四是未来。在未来，欧亚大陆上的陆海兼备国家将迎来新的发展机遇。第一，欧亚大陆国家之间发生大的冲突特别是战争的可能性越来越小。相互威慑，领土边界相对清晰，新的全球化模式，两次世界大战的惨痛历史记忆，各国政治体制的民主化，网络时代舆情力量的上升等，都是重要的战争制约条件。第二，欧亚大陆将迎来自身整合发展的新阶段。欧亚大陆经过两次大的整合和分化，形成了现在的“一横三竖”的宏观结构。未来随着高铁等交通手段、网络等新媒体技术的发展，借助市场的力量和人群的流动，可以推进欧亚大陆几大文化系统的交融，欧亚大陆有可能打开几千年的内核阻隔，出现新的整合发展高潮。“地理距离不再是一种障碍，边界再也阻拦不住什么东西，而互相依赖性则使得距离和边界丧失了其含义的关键部分。”① 正如苏长河指出的：“在过去海洋秩序主导下，沿海和港口的发达繁荣与大陆腹地的贫困化形成鲜明的对照。世界上许多最不发达的经济体，几乎都处于大陆腹地。反过来说，这一贫困化的地带为未来大陆秩序构建提供了巨大的契机和空间。”② 未来，欧亚大陆整合的基本走势是：东西对进，南北协力。在这个过程中，能够把握趋势、引领潮

① ［法］玛－弗兰索瓦·杜兰、［法］菲利普·克平斯等：《全球化地图》，许铁兵译，序言，社会科学文献出版社2011年版。

② 苏长河：《大陆与海洋视野下的亚洲秩序》，载《学术前沿》2012年第6期。

流者将占得先机和主动。而最有希望的国家，看来还是欧亚大陆上的陆海兼备之国。当然，未来世界的强国，将不再是历史上那种“日不落”式的帝国，很可能是诸强并立，共同治理世界。未来可能出现六大地区性力量板块，并形成相应的权力中心。一是西欧和中欧，二是中国，三是俄罗斯，四是印度，五是美国，六是南美。从总体上看，这六大力量体都是陆海兼备型的。把西欧和中欧作为一个整体，它和中国的情况很相似，实际上构成了欧亚大陆上东西对称的两个陆海兼备实体。考虑到北冰洋航道的开通，俄罗斯陆海兼备特性将越来越突出。印度作为一个次大陆国家，在向欧亚大陆纵深发展方面存在一定的局限，但可以向大中东方向拓展，在未来的欧亚大陆整合发展中也可以有自己的作为。欧亚大陆之外，美国将继续保持作为陆海兼备大国的部分特有优势，拥有相当持久的活力。南美能否成为重要的陆海兼备实体，关键在于能否加快地区整合的速度。总体来看，地区整合能力和与周边大国和平协作能力，把握全球化时代超越主权国家边界的流动性能力，以及依陆向海发展的能力，将成为陆海兼备国家在未来能否强大的重要条件。

其次，在西北太平洋的大框架下把握“三海合一”的战略指向。所谓“三海合一”或“三海并一海”，只是一种形象的说法，实际上是强调要“三海”统筹。晚清时期丁日昌就曾提出过北、东、南三洋联成一气，以求首尾呼应。① 从地理上讲，“三海”本来是相连相通的，不存在合一的问题，但由于海域面积广大，加之有岛屿、岛链的阻隔，各区域情况差异较大，长期以来都将它们划分为不同海区，分区进行力量的建设、部署和运用。这种做法有其历史的必然性，但也容易造成各海区力量的割裂，此疆彼界，难以做到古人说的常山之蛇那样，击首尾应。正如拿破仑所说：“战争就是处置位置。”早在晚清海军海防建设的高峰时期，特别是在中法战争、甲午战争清军战败之后，国人对此多有议论，很多观点非常

① 丁日昌在《拟海洋水师章程》中提出北、东、南三洋联成一气。

深刻且有针对性。统筹三海是历史性的命题，在今天又具有特别重要的现实意义。从防卫和安全控制范围的角度看，由中国本土向太平洋延展，大致可以分为四个层次的区域：一是海岸线及领海区；二是第一岛链内海区；三是第一岛链与第二岛链之间的海区；四是第二岛链以远海区。在近代以后的大部分时间里，国人对海洋的关注与筹划基本上都局限于前两个区域，也就是局限于海岸与近海，同一时期的海洋地理学视野也基本没有超过第一岛链。国人对海洋视野纵深的短浅，加之中国海岸线的漫长和远海作战力量的缺失，使得中国自近代以来一直在海洋方面分黄海、东海、南海设立多个战略方向。晚清曾经建立过“四洋”海军，后来定型为“三洋”海军，新中国成立后也没有根本改变这种近海型、分段式的海军力量布局。20世纪80年代后，人们逐渐认识到近海区域的局限，纷纷将目光伸向第二岛链、伸向整个西北太平洋，提出了“蓝水海军”的概念。这种视野的拓展，带来的是一种新的地缘战略观念，意味着我们可以对中国近海各海区的内在关联性有一种全新的审视。因为，当我们将目光投向第二岛链及其以远的太平洋时，我们发现无论是黄海、东海还是南海都在同一视域之内，它们原本就是一体的。如果我们具有较强的远海机动作战力量，能够实质性地加大海上防卫作战的纵深，现有的南北海区方向到一定时候是可以适当合并的。同时，随着东亚区域一体化程度的不断提高，黄海、东海和南海各方向面临的矛盾和问题的互动性日益增强，也有必要将“三海”视为一个整体，对“三海”问题进行战略统筹。

从历史上看，统筹“三海”需要重点解决以下几个问题：一是领导指挥体制的统一。晚清设立海防衙门、海军衙门、总理海防大臣等，就是为了解决这个问题，当然当时并没有能够整合统筹起来。二是适当整合战略方向，科学区分各方向的战略任务，构建有主有次，宽正面、大纵深的战略布局，避免方向太多、力量分散、任务脱节。从晚清看，在战略方向的整合方面有措施，但东海至南海始终存在划分不清晰、覆盖面不广，特别是战略纵深浅的问题。

三是统筹战场建设、装备发展，使各战场互为支撑，武器装备标准化，避免重复建设，克服混乱。近代在这方面的教训很多。四是作战力量的联合、协同使用。晚清时期遇到战事，北不救南，南不顾北，问题多多。

再次，在整个亚太地缘大格局中审视西行海上战略通道问题。通道问题至关重要，国家的兴衰与交通革新密不可分，国家从某个角度看是一个交通问题，它在对交通工具的控制中兴起、鼎盛和衰亡。由于西太平洋海区存在两条岛链，加之南海与印度洋主要靠马六甲海峡连通，中国的近海处于半封闭状态，海上通道问题从近代以来一直是一个非常重大的战略问题。近代地理学家受眼界的局限，对海上通道安全问题关注不多。其实，在晚清和民国时期，如果能够有更开阔的视野，就会发现从中国东南沿海，经马六甲海峡至印度洋的西行海上通道所具有的战略意义。当时欧洲列强主要通过这一通道东来，与中国进行贸易，对中国发动侵略战争，阻断这一通道应当是阻止欧洲列强侵略最有效的手段。“战于大洋不如战于沿海，守外港不如守内河；敌国之师长于水，我国之兵长于陆，以空海上之地为瓯脱，诱之深入，聚而歼之。”这样一种消极的海防观念从第一次鸦片战争之前就开始流行，一直到清末，甚至到如今都有一定市场。[①] 今天，当中国全面融入世界之后，在国家外向型经济发展格局已经形成，国民经济对外依存度越来越高的情况下，西行海上通道成为支撑国家利益快速拓展的重要平台和媒介，对于中国的战略意义又有了新的实质性提升。马六甲海峡连接印度洋和太平洋，是世界上最繁忙的航道之一，每天有数千艘集装箱货船、油槽船、游艇通过。经马六甲海峡进入南中国海的油轮是经过苏伊士运河的3倍、巴拿马运河的5倍，经过南中国海运输的液化天然气相当于全球液化天然气总贸易量的2/3。这条能源供应线对日本、韩国、中国三国尤为重要，可以说是东亚各国的“海上生命

① 参见王宏斌：《晚清海防：思想与制度研究》，第241页，商务印书馆2005年版。

线”。素有“东方直布罗陀”之称的马六甲海峡更是全球重要的咽喉要道之一，其战略位置极其重要。而这一通道所面临的安全威胁也日益突出，特别是如何有效维护中国来自中东、非洲的能源资源运输安全，已经成为重大战略问题。正如2006年《中国的国防》白皮书所说的，中国“能源资源、金融、信息和运输通道方面的安全问题上升”。还应当看到，虽然这一通道属于国际性的公共通道，但它对于沿途32个国家所具有的安全威胁性质和利害关联度并不完全相同。相对于中东、非洲能源产地而言，中国处于这一海上战略通道的下游，更容易受到上游国家，如印度和马六甲海峡两岸国家的控制，具有更多的安全问题。而位于中国下游的日本和韩国，则因此存在强烈的焦虑感，特别是日本极力推进南下战略，明里暗里推动台湾与大陆的分离，以图避免出现中国控制其上游通道的局面。这些情况的存在，要求我们具有强烈的紧迫感，着眼亚太地缘大格局进行战略审视和谋划，采取综合性的手段和策略，努力维护西行海上战略通道安全。

7.3 发展利益驱动：中国走向海洋的强大内生动力

在海上，财富和军事的动力自然而又顺利地混合成一体。“早期海军的历史，基本上是由于商业利益引起的对抗行动的记录。”①正如政治经济学之父威廉·配第所说的：“一个人口少、领土小的小国，凭借它的地理位置、贸易和政策的优势，能够同比其人口多、幅员更辽阔的大国在国力和财力上相抗衡。其中，海运和水运是否便利起着最重要和根本的作用。”② 西方文明基本上围绕地中海沿岸发生，海上商业贸易是西方文明的主要传统，它可远溯到迈锡尼时代，那时克里特岛上的居民就往来于亚、欧、非三大洲的沿海

① ［美］E. B. 波特：《海上实力》，马炳忠、张毓文、方励译，第2页，海洋出版社1990年版。

② ［英］威廉·配第：《政治算术》，马妍译，第3页，中国社会科学出版社2010年版。

地区。欧洲的生命线就是海洋。“欧洲经济适应国际贸易的程度开始远远超过东方诸较为自给自足的帝国的经济……人口压力加之诸国家和城市国家之间的竞争的促进力，驱使商人们去寻找新的产地、新的路线和新的市场。他们的竞争态度截然不同于同时代的中国人；中国人虽曾航海数千里，但完全是出于非经济方面的原因……由于明显的地理方面的原因，欧洲完全做不到自给自足，它迫切需要香料和其他外国产品。这一需要与迅速发展的经济活动及蓬勃的经济活力一起，最终使欧洲人航行于各大洋，使欧洲商人遍布每一个港口。”①

陆权的势力通常在它的领土边界上结束，但是海权的势力可以扩大到整个地球。海洋给欧洲带来了巨大的利益和发展契机。“人类不再把江、河、海洋看成是前进的障碍，而且能将其利用成为平坦大道的时候，人类就向文明迈进了一大步……西方人使用广阔的海洋，最初是在地中海海域及其周围开始的。广阔水道的利用，使他们同亚洲、欧洲和非洲的蓬勃发展的文明发生了联系，我们西方文化基本结构大半来自随之而来的货物交换和思想启蒙。”② 马汉认为，在历史上，海洋是自然界赐予人类的通衢大道，其作用无法用陆路取代。“虽然时间和空间被压缩了，距离变得相对了，空间障碍变得不那么重要了，但空间不仅没有失去它的重要性，反而增加了它在经济、政治、社会和文化领域里的影响。这是因为，在普遍高度灵活的条件下，竞争变得极为残酷；由此，从最一般的道理上说，资本比任何时候都更加注意地方优势。换句话说，为了更好地参与竞争，空间障碍的缩小迫使资本更大限度地利用哪怕是最小的

---

① ［美］斯塔夫里阿诺斯：《全球通史：从史前史到21世纪》下册，吴象婴、梁赤民译，第21～22页，上海社会科学院出版社1999年版。

② ［美］E. B. 波特：《海上实力》，马炳忠、张毓文、方勋译，第1页，海洋出版社1990年版。

空间差别。"[①] 但是，中国自古保持着"非竞争性"（noncompetitive）的立场，总是希望能闭关自守，如禁止人们出国，对外接触则以外夷进贡的方式管制。[②] 郑和远航不仅没有带来经济利益，反而"支费浩繁"，"库藏为虚"，以经济的巨大损耗换来礼仪秩序建立世界帝国，是不切实际的政治浪漫主义，难以为继。甚至以派遣郑和下西洋闻名的永乐帝朱棣，早在1404年已经通令民间海船全部改造为平头船，以防止泛海，[③] 全面退回到闭关自守状态，自动退出了南海和印度洋，在海洋行动和国家心理上极为内向（introvert）。[④] 中国地缘安全战略的惯性在陆地，忽视了海洋蕴藏的财富，也同样忽视了来自海洋的威胁。通观中国近代海洋观念的发展演变，给人的深刻印象是，观念更新的速度慢，中间出现的反复多，总体上所达到的认知高度有限。在这一点上，当时的中国与日本、德国等国形成十分鲜明的对比。日本是海岛国家，对于海洋问题反应非常敏锐。魏源在鸦片战争时期撰写的《海国图志》一书，在国内并没有产生很大的影响，相反却是典型的"墙内开花墙外红"。该书于1851年首次传入日本，不到数年就被翻刻达数十次，被日本人称为"海防宝鉴"，"天下武夫必读之书"，一些人因此"思想起了革命"。当时有日本人发出这样的感慨："呜呼，忠智之士忧国著书，不为其君所用，反为他邦，吾不独为默深（魏源字）悲，抑用为清帝非也夫！"德国虽是大陆性国家，但在海洋观念更新上却反应迅速。马汉的《海权对历史的影响（1660～1783）》一书1890年在美国出版后，很快便被翻译传入德国，得到威廉二世的热烈推崇。[⑤]

---

① ［西班牙］胡安·诺格：《民族主义与领土》，徐鹤林、朱伦译，第25页，中央民族大学出版社2009年版。

② 参见费正清 John K. Fairbank，Trade and Diplomacy on the China Coast（Cambridge，Massachusetts，1953）。

③ 参见《太宗实录》，第498页，台北，1963年影印本。

④ 参见黄仁宇：《放宽历史的视界》，第48页，三联书店2001年版。

⑤ Livezey：Mahan on Seapower，P. 67，Oklahoma，1980.

正如美国汉学家拉铁摩尔所说："新海权时代产生于欧洲的原因，是与近代资本主义的产生、发展与胜利有连带关系的。西欧的社会进步造成了封建时代所未知的新潜力，达到这个阶段时，它产生了商业资本主义，产生了工业及金融资本主义的物质资源，而这些都可以在西欧本身的地理环境中取得。"① 海权不仅包括海洋上的军事力量，也包括和平时期的贸易与航运能力。中国近代海洋观念更新迟缓，一个重要原因在于，缺乏持久有效的动力机制，导致总体上推动力不够强劲更难以持久。近代中国人对海洋的关注，政府对海洋安全力量建设的投入，多数情况下以抵御东西方强烈的侵略为主要背景。这种安全需求并不持久恒定，而且主要是国家和政府层面的事情，与总体上尚处于自给自足状态的普通百姓还存在很远的距离。19 世纪，西方入侵之前，"沿海口岸的贸易很繁荣，对外贸易也在发展，但大半都是由外商在经营。虽然有一些新式中国商人随之兴起，依赖对外贸易而发展，但是维系中国生活方式的贸易却并不依赖对外贸易。中国口岸的中国贸易是以中国其他地区为对象的，沿海贸易如同陆路、水路（河流或运河）一样地为对内贸易……"② 这一时期，虽然中外贸易额不断增加，但基本上都是国外商人来中国做买卖，中国商人走出去的很少。近代北洋海军与农耕社会经济没有形成良性互动，在经济上带来的只是沉重负担，而不是直接的利益。1867 年春，洋务派人士筹办船政时，就受到保守派人士"靡费太重，名为远谋，实同消耗"的指责。直到甲午战争一触即发时，清流派文廷式仍指责北洋海军靡费千万却不能一战。③对于近代中国人来说，海洋除了带给他们战争、屈辱之外，能够带

---

① ［美］拉铁摩尔：《中国的亚洲内陆边疆》，唐晓峰译，第 3 页，江苏人民出版社 2005 年版。

② ［美］拉铁摩尔：《中国的亚洲内陆边疆》，唐晓峰译，第 31 页，江苏人民出版社 2005 年版。

③ 参见姜鸣：《龙旗飘扬的舰队——中国近代海军兴衰史》，第 32、135 页，上海交通大学出版社 1991 年版。

来的利益实在有限，主要是经由沿海的国内南北地区之间的运输以及渔盐之利。在这一点上，中国与欧美和日本等海洋国家同样形成鲜明对比，这些国家通过海洋贸易和海外殖民攫取了巨额的财富，海洋成为它们富国强兵的重要源泉。斯塔夫里阿诺斯在《全球通史：从史前史到21世纪》中说：在中世纪，西方近代的“新文明与欧亚大陆其他地区的传统文明截然不同”，“使西方能发展新力量，推动技术进步，产生向海外扩张、控制世界诸海路的社会能力”。[①]“从世界文明发展史来看，相对而言，海洋文明是历史上最具活力和创造性的文明，它们经常地扮演历史火车头的角色。因为海外贸易与强大海权支撑的基本社会结构，保证着这种开放性社会与外部异质文明世界的接触、交流、碰撞、融合和互动，不断刺激着社会的想象力和思维力，从而形成精神和物质创造的肥沃土壤……强大的海权保障了财富的积累，丰足的财富反哺着海权的强大。”[②] 毫无疑问，比安全问题更能持久深刻影响国民海洋观念的，是国家经济社会自身发展的状况，是广大国民与海洋的基本经济利益关系。

今天的中国，在走向海洋、经略海洋方面第一次真正面临历史性的机遇。因为在新的时代条件下，中国既有维护海洋安全的战略需求，更有国家经济社会发展所产生的经略海洋的迫切需要。在安全方面，台湾问题还没有彻底解决，在黄海、东海和南海方向都存在维护海洋权益的重大任务，美国推出主要针对中国的“空海一体战”更是有可能增大对我海洋方向的威胁。传统的控制海洋通道就能控制世界的战略思想虽未过时，但争夺的重点逐渐转向立体海洋，特别是尚未认识的“内太空”——水深500米以上的深海区。中国海上邻国众多，均主张建立200海里专属经济区权利，从而造

① ［美］斯塔夫里阿诺斯：《全球通史：从史前史到21世纪》，吴象婴、梁赤民译，第163页，上海社会科学院出版社1999年版。

② 倪乐雄：《文明转型与中国海权》，第15页，文汇出版社2011年版。

成部分海域权利主张重叠，海洋划界存在诸多争议。在总面积38万平方公里的黄海海域，中、朝、韩三国存在18万平方公里的争议海域；在总面积77万平方公里的东海海域，中日间有16万平方公里的争议海域，其中还有部分海域权利与韩国发生重叠；在南海海域，中国不仅与菲律宾、马来西亚、印度尼西亚、文莱、越南等存在着海域划界问题，而且面临着几十个岛礁被侵占、资源被掠夺的严峻现实。在经济社会发展方面，中国对海洋的依赖程度显著上升，85%的对外贸易由海上运输，90%的石油进口依赖海运，中国每年通过海上的贸易额达1000多亿美元，国家经济发展与海洋的关联度达到空前水平。无论是从中东还是从非洲进口原油，大都从海上集中运输，其重要的通道就是波斯湾—阿拉伯海—孟加拉国湾—马六甲海峡—南中国海一线。中国已由“内向型经济”快速向“外向型经济”转换，中国历史上第一次海外贸易经济在国家经济结构中占重大比例。英国在1830年被称为“世界加工厂”，中国目前也有成为“世界加工厂”的趋向。海洋交通线或国家海上生命线的问题已经凸显出来。中国要进入远洋，有三个方向：向北要经过韩国与日本之间的朝鲜海峡；向东或折向南要经过日本九州岛与大隅群岛之间的大隅海峡，日本琉球群岛与宫古列岛之间的宫古水道；向南或折向西要经过菲律宾与台湾岛之间的巴士海峡，菲律宾群岛之间的巴林塘海峡，印度尼西亚群岛之间的望加锡海峡、巽他海峡，马来西亚、新加坡和印度尼西亚之间的马六甲海峡。这些海峡通道都控制在台湾和他国手中。这三个方向都在美日主导的防卫体系之中，增大了中国的海上战略压力，对中国走向海洋形成障碍。因此，中国要进入太平洋或印度洋必须打破被周边国家包围的局面。“海权首先从属于商业，商业则沿着最方便的航路前进。随之而来，军事控制又促进并保护着贸易。”① 随着人类对海洋认识和利用的深

① A. T. Mahan, The Influence of Sea Power Upon History, 1660 - 1783, Dover Pubns 1987, p. 134.

入，人类对海洋的利用早已超越了“渔盐之利”和“舟楫之便”的层次。根据《联合国海洋法公约》的规定，各国都可以拥有200海里的专属经济区。在专属经济区这一“准海洋国土”上，各国可以勘探、开发、养护和管理海床上覆海域和海床以及底土的自然资源，并享有其他一系列管辖权。[①] 海洋中的油气资源远比陆地丰富，仅大陆架石油可开发的储量就达2500亿吨，相当于陆地储量的3倍。中国大陆架海区含油气盆地面积近70万平方公里，共有大中型新生代沉积盆地16个。据国内外有关部门估计，中国大陆架海域蕴藏石油资源量150亿～200亿吨，占全国石油总资源量的18.3%～22.5%；据国家天然气科技攻关最新成果，中国天然气总资源量为43万亿立方米，其中海上天然气资源总量为14.09万亿立方米，占总量的32.8%。[②] 此外，公海和2.5亿平方公里国际海底的矿产资源是不属于任何国家的人类“公土”，国际海底蕴含着极其丰富的多金属结核、富钴结壳等资源，世界各国在国际海底管理局等国际机构的许可和管理下可以有序开发利用。海洋问题，进一步说海权问题，在地缘政治中的重要性不仅没有下降，反而转以新的形式趋于上升。中国作为经济大国和世界上人口最多的国家，理应在人类的共同财产中获得合理的份额。适应这种新的形势，推动新海洋观念的建立和国家全方位的海洋建设，不再需要单纯依靠情况刺激，也不可能像近代西方殖民者那样进行海外扩张，而是完全可以建立在一种新的综合性动力机制之上。对于这一点，我们既需要有清晰的认知，又需要有高度的战略自觉。

当然，“海洋性远不仅表现在经济方面。航海者的眼界是探索性的——寻求新的地方、新的观念和新的交往，代表着开放的体系。陆地冲突和威胁长期以来是中国主要的担心，所以其军事防御

---

① 参见《联合国海洋法公约》，海洋出版社1992年版。

② 参见杨金森：《2020年的中国海洋开发》，《建设海洋强国，铸造蓝色辉煌》，见国家海洋局网站，http://www.soa.gov.cn/zhanlue/hh/9.htm。

也是大陆导向的。对海洋性的新关注要求其彻底思考海军在未来的作用”①。持久的经济动力会带来制度的活力和观念的开放。要进一步进行现代海洋观念启蒙，使国民开发海洋的利益冲动变成一种自觉的观念，使全体国民认识到中国和平崛起需要走向海洋，把开发经略海洋作为实现民族发展兴盛的共同意志。中国共产党十七大报告明确指出：“当代中国同世界的关系发生了历史性变化，中国的前途命运日益紧密地同世界的前途命运联系在一起。”“中国发展离不开世界，世界繁荣也离不开中国。”要让全体国民放眼世界，在全球的大格局中定位海洋，认识海洋的战略价值，增强经略海洋的紧迫感。大国的海洋战略必须从海洋与国际政治的紧密关系出发，认识到海洋权益是濒海国家制定国家战略的重要依据。这就需要制定国家经略海洋的战略和规划，对之进行科学统筹，使之成为一种长期的、连续的、有序的行为。一般说来，政府在维护安全行为方面具有主导性，而由经济利益产生的经略海洋的行为则容易带有自发性，特别需要政府来整合以凝结成强大的力量，以控制其进程。同时要做到军民结合，互助为长。一方面，军事能力建设要把维护国家海洋经济利益作为重要出发点，在保卫海上通道安全、海洋渔业安全和海洋油气开发安全方面发挥更大的作用。另一方面，海洋和海外经济建设项目则应适当体现军事力量建设发展的需求，为军事力量走向海洋、走向海外创造必要的条件。

7.4 民族主义情感：中国走向海洋的激情与理性

民族主义与领土的关系本就天然紧密，不可分离，民族主义与海洋观念在近代中国更是同生共长。“民族主义是一种深深扎根在领土、地方和空间中的社会和政治运动。民族主义运动除了进行领土操作外，还诠释和适应空间、地方和时间；由此，民族主义运动

① ［美］索尔·科恩：《地缘政治学——国际关系的地理学》，严春松译，第281页，上海社会科学院出版社2011年版。

相互交替地创造着一种地理和历史。”① “民族主义在近代中国，既是政治家呼风唤雨的神圣口号，又是众多学者所热衷的带有信仰性质的理论，更是广大社会芸芸众生的朴素情结”，“这三种形态经常水乳交融，共同形成一股强大的时代思潮”。② 在这种民族思潮的激发之下，中国境内各民族作为一个大的中华民族整体意识明显增强，在海洋方向上反抗东西方列强侵略的激情一次次高涨。从鸦片战争到第二次鸦片战争，从中法战争到中日甲午战争，从反抗八国联军侵华到掀起全民族的抗日战争，中国人民前仆后继、视死如归。这充分体现出了民族主义情感的伟大力量，体现了民族精神作为国家文化战略资源的极端重要性。当然，正如前文所指出的，中国近代民族主义作为一种激情往往不能持久，经常是生发得快消落得也快，既可以在很短时间内形成浓烈的氛围和强大的气势，也很容易在生活逐渐恢复常态的过程中不知不觉地自然冷却。受这种特性的影响，中国人对海洋问题也就忽热忽冷，海防政策缺乏连贯性，资源投入未能持久用力，整体效果非常不理想。早在清代前期，蓝鼎元就主张发展海洋贸易，建立强大海军。③ 但少数人的先见并未化为多数人的共识。鸦片战争后，有人这样形容当时的北京情形：“和议之后，都门仍复恬嬉，大有雨过忘雷之意。海疆之事，转喉触讳，绝口不提。”④ 更加值得注意的是，中国近代民族主义也具有不同的政治取向，既有主张变革者，也有主张保守和排外者，特别是在文化民族主义和保守民族主义的催生之下泛起过蒙昧排外之风，与开放进取的近代海洋精神背道而驰。这又充分说明了与民

① ［西］胡安·诺格：《民族主义与领土》，徐鹤林、朱伦译，第16页，中央民族大学出版社2009年版。

② 皮明勇：《中国近代民族主义的多重架构》，载《战略与管理》1994年第3期。

③ 参见蓝鼎元：《漕粮兼资海运第四》，《平台纪略》附奏疏，雍正十年（1732年）刻本，转引自王宏斌：《清代前期海防：思想与制度》，第236～239页，社会科学文献出版社2002年版。

④ 齐思和、林树惠、寿纪瑜：中国近代史资料丛刊《鸦片战争》第五册，第529页，上海书店2000年版。

族激情相比，民族的理性同样是非常重要的，甚至是更为珍贵的。如何使这种激情与理性保持平衡，让理性为激情把握方向，用激情来激励理性生发，使整个民族既充满昂扬的激情，又能始终前进在正确的道路上，并控制好发展的节奏，在今天显得尤为重要。正如泰戈尔所说，人类历史的目标既不是含糊不清的世界主义，也不是狂热的民族自我盲目崇拜。这是近代中国和世界没有解决好的重大问题，也是我们今天仍然面临的时代课题。

首先，更加主动地引导和有效利用民族激情。1895 年中国在甲午战争中失败，但马汉却认为，“这并未改变这个事实：中国拥有最优秀的资源，有着众多的、在种族上是同一的人口……可以肯定，中国的变化是相对缓慢的。但是，使相互间存在着多种不同和差异的中国人长期融为一体的因素将在未来确保他们为同一种激情所左右，从而会使任何意义上的变革都具有深远的影响”。民族情感作为不完全理性或非理性力量，其基本的行为机制是刺激—反应，在总体上具有明显的自发性。进入信息时代，民族激情与信息网络特别是受控程度较低的新兴媒体相结合，形成一种新的能量放大机制，传播感染的速度空前加快，影响波及范围变得更大，所产生的社会冲击力和政治冲击力显著增大。它既可对政府形成一种无形的压力甚至是巨大的冲力，又可以为政府所用而变成一种特殊工具和得力手段。这就需要我们在应对海洋问题时注重趋利避害，把压力和冲力变成动力，把舆情变成国家战略资源和有用的政策手段。一方面，用以激发和动员民众关心海洋，积极参与海洋开发和维护海洋安全，为中华民族走向海洋提供强大的精神动力。另一方面，用以反制美国和部分周边国家的舆论。这些年，美国、日本等国在挑动我周边海洋问题时，经常利用媒体有意识地制造“民意”，以图陷我于被动。特别是越南，于 2011 年 6 月为南海问题连续组织长达数个星期的反华示威。我在相关海洋问题上本就占据着法理与道义高地，完全可以通过适当的舆论引导和运用，在东海方向对日本形成舆论威压态势，在南海方向成为调整与美及周边有关国家关系的重要手段，使我既得理更得舆论、得民心。

其次，更加自觉地培育并始终保持高度的民族理性。“海上力量的历史，在很大程度上就是一部军事史，在其广阔的画卷中蕴涵着使得一个濒临于海洋或借助于海洋的民族成为伟大民族的秘密和根据。”① 理性代表民族的智慧状态，也代表民族的成熟程度。一个国家的崛起，既需要物质能量的积累，更需要民族理性水平的提升。中国选择和平崛起道路，面临着极为复杂的海洋形势，有效应对这种形势和局面，仅有激情是远远不够的，需要理性的光芒照亮我们前进的道路。要真正改变一个民族对海洋的看法或者认识，其根本途径在于塑造和改变民族的性格，提升民族境界。比如，我们应当清晰地知道，中国现阶段国家根本利益何在，维护海洋权益与维护中华民族崛起的伟大进程二者间是何种关系，如何从战略的高度切实处理好海洋方向上维稳与维权的关系。再比如，我们应当如何处理与周边国家的关系，如何围绕解决海洋问题调整与有关国家的关系模式，如何调整我们自身的发展模式和对外行动方式。正如法国海军上校达里厄所讲：“海军的每项规划，如不考虑同大国的关系，又不考虑本国资源所能提供的物资限度，就会立足于一个虚弱不稳的基础之上。外交政策和战略是被一条不可割裂的链条紧密地连接在一起的，海军战略是一部民族战略、一部民族战术。”② 抗战时期，海军反思未能扩充的原因有三点：历史的失败，政府的失策，民众见解的错误。“民众方面，不但与政府一样不识海军的军事价值，并且仍固执于重陆轻海的传统军事思想。他们根本不想搜集我们海军材料，作一次科学的研究，他们只从我们海军的表面上观察……”③ 因此，民众就有了批评海军封建，勇于内战、怯于外

① ［美］马汉：《海权论》，萧伟中、梅然译，第2～3页，中国言实出版社1997年版。

② ［美］艾·塞·马汉：《海军战略》，蔡鸿幹等译，第20页，商务印书馆1994年版。

③ 翁仁元：《抗战中的海军问题》，第5～6页，黎明书局1938年版。

战，主张放弃海军、扩充空军，最后，“迫海军做政治、军事的孤岛”[①]。晚清、民国的很长一段时间里，中国海军都因为政府海洋政策的失误、民众海洋观念的缺失而深陷于政治、军事的孤岛。这段并不久远的历史是中国现代转型的关键时期，当时为提高民众海洋观念的思考和举措（组织各种海军团体，如海军协会、海童子军、少年海军队、海军先锋队，充任海军细胞、海军后备队，及海军防地的反间谍，并负海军宣传责任等），[②] 值得我们借鉴。海洋是民族的海洋，海洋战略是民族智慧的延伸。

正如马汉所说：“我们不是生存在一个完美的世界上，我们也不可以期望用理想中完美的方式来处理不完美的现实。只有借助于‘力量’这个粗俗的、不完美的但却是不可忽视的仲裁者，我们才能赢得时间和持久力。”

郑和强调财富来自海上，危险也来自海上：“欲国家富强，不可置海洋于不顾，财富取之海洋，危险亦来自海上，一旦他国之君夺得南洋，华夏危矣。”梁启超高倡海洋精神：“吾闻海国民族思想高尚以活泼，吾欲我同胞兮御风以翔，吾欲我同胞兮破浪以扬！”[③] 孙中山将海上能力和国家能力紧密联系在一起：“自世界大势变迁，国力之盛衰强弱，常在海而不在陆，其海上权力优胜者，其国力常占优胜。”这些无不彰显了中国走向海洋的理性与激情。

中国海洋观念的自我寻找、自我定义、自我丰富过程也是多学科融合关照的过程，是理性智慧与感性激情结合的过程，这个过程检验着民族的战略视野和学力沉淀，相信总有一天中国会面向大海，春暖花开。

---

① 翁仁元：《抗战中的海军问题》，第5～6页，黎明书局1938年版。

② 参见翁仁元：《抗战中的海军问题》，第54页，黎明书局1938年版。

③ 梁启超：《二十世纪太平洋歌》，摘自《梁启超诗文选》，第524页，巴蜀书社2011年版。

参考文献

古籍：
1 百兰山馆政书
2 读史方舆纪要
3 李文忠公全书
4 海国图志
5 盛世危言
6 饮冰室文集
7 左文襄公全集
8 曾国藩全集
9 大清会典事例·刑部
史料汇编：
10 海防檔乙，福州船厂（一）
11 清季外交史料（光绪朝）
12 清末海军史料
13 洋务运动（二）
14 鸦片战争（第五册）
民国报刊：
15 地理学报
16 东方杂志
17 海军
18 海事
19 荆凡

20 南方报

21 前途杂志

22 史地学报

23 史地杂志

24 四海

25 思想与时代月刊

26 新民丛报

27 新世界

论文：

28 范中义．明代海防述略［J］．历史研究，1990

29 黄慧珍，薛金度．郑和研究八十年［J］．郑和研究资料选编．人民交通出版社，1985

30 皮明勇．中国近代民族主义的多重架构［J］．战略与管理，1994

31 对海军军官学校三十七年班学生的训词［J］．（台）尖端科技月刊 1988 年第 4 期，1984 年 4 月版，第 99 页。倪行祺编：《海军学校影集》，1987 年 10 月。

32 中冢明．日清战争前的日本对清战争准备［J］．抗日战争研究，1997

专著：

33［法］阿·德芒戎．人文地理学问题［M］．葛以德译．北京：商务印书馆，2007

34［美］艾·塞·马汉．海权对历史的影响（1600～1783）［M］．安常容，成忠勤译．北京：解放军出版社，1998

35［德］奥斯瓦尔德·斯宾格勒．西方的没落［M］．江月译．长沙：湖南文艺出版社，2011

36 包遵彭．中国海军史．下册

37 伯瑞．进步的观念［M］．范祥焘译．上海：上海三联书店，2005

38 陈乐民．西方外交思想史［M］．中国社会科学出版社，1995

39［法］费尔南·布罗代尔．论历史［M］．刘北成，周立红译．北京：北京大学出版社，2008

40 费孝通．中华民族多元一体格局［M］．北京：中央民族学院出版社，1989

41［日］福泽谕吉．文明论概略［M］．北京编译社译，北京：商务印书馆，2010

42［德］歌德．浮士德［M］．绿原译．北京：人民文学出版社，2008

43［英］哈·麦金德．历史的地理枢纽［M］．林尔蔚，陈江译．北京：商务印书馆，2011

44 海军军事学术研究所．中国海防思想史［M］．北京：海潮出版社，1995

45［德］黑格尔．历史哲学［M］．王造时译．上海：上海书店出版社，2001

46［西班牙］胡安·诺格．民族主义与领土［M］．徐鹤林，朱伦译．北京：中央民族大学出版社，2009

47 黄兴涛．文化史的追寻：以近世中国为视域［M］．北京：中国人民大学出版社，2011

48 金观涛，刘青峰．观念史研究——中国现代重要政治术语的形成［M］．北京：法律出版社，2009

49［日］井上清．日本现代史［M］．第一卷，北京：三联书店，1956

50［美］柯瑞·罗宾．我们心底的“怕”：一种政治观念史［M］．叶安宁译．上海：复旦大学出版社，2007

51［美］拉尔·鲍威尔．中国军事力量的兴起［M］．北京：中国社会科学出版社，1979

52 雷海宗．中国文化与中国的兵［M］．北京：商务印书

馆，2001

53 梁二平．中国古代海洋地图举要［M］．北京：海洋出版社，2011

54［美］本尼迪克特．菊与刀［M］．吕万和，熊达云，王智新译．北京：商务印书馆，2005

55 马克思恩格斯选集［M］第 2 ~ 3 卷，北京：人民出版社，1972

56 玛丽娅·露西娅·帕拉蕾丝－伯克．新史学：自白与对话［M］．彭刚译．北京：北京大学出版社，2006

57［美］乔伊斯·阿普尔比，林恩·亨特，玛格丽特·雅各布．历史的真相［M］．刘北成，薛绚译．上海：上海人民出版社，2011

58［英］R. J. 约翰斯顿．哲学与人文地理学［M］．蔡运龙，江涛译．北京：商务印书馆，2010

59［美］斯塔夫里阿诺斯．全球通史：从史前史到 21 世纪［M］．吴象婴，梁赤民译．上海：上海社会科学院出版社，1999

60 孙中山全集［M］第 1 ~ 5 卷，北京：中华书局，1981 ~ 1985

61［美］索尔·科恩．地缘政治学——国际关系的地理学［M］．严春松译．上海：上海社会科学院出版社，2011

62 威廉士．关键词：文化与社会的词汇［M］．刘建基译，台北：巨流图书公司，2003

63［英］威廉·配第．政治算术［M］．马妍译．北京：中国社会科学出版社，2010

64［日］新渡户稻造．武士道［M］．张俊彦译．商务印书馆，2006

65 熊志勇．从边缘走向中心［M］．天津：天津人民出版社，1997

66 薛福成．出使英法义比四国日记［M］．走向世界丛书．长沙：岳麓书社，1985

67 杨国宇．近代中国海军［M］．北京：海潮出版社，1994

68［日］盐谷世弘．翻刻海国图志序［M］

69［英］以赛亚·伯林，［英］亨利·哈代．浪漫主义时代的政治观念［M］．王崇兴，张蓉译．北京：新星出版社，2011

70［美］约瑟夫·阿·勒文森．梁启超与中国近代思想［M］．刘伟等译，成都：四川人民出版社，1986

71 张振龙．中国军事经济史［M］．北京：蓝天出版社，1990

72 郑永年．中国模式经验与困局［M］．杭州：浙江出版社，2010

76［美］拉铁摩尔．中国的亚洲内陆边疆［M］．唐晓峰译，南京：江苏人民出版社，2005

74［美］昆西·赖特．战争研究［M］．军事科学院外国军事研究部译．北京：军事科学出版社，2013

75［日］安冈昭男．明治前期日中关系史研究［M］．胡连成译．福州：福建人民出版社，2004

76［日］尾崎行雄．支那处分案［M］．复州古旧书店，1986

77［日］岛田三郎．日清胜败之原因［M］．

78 戴季陶．日本论［M］．北京：光明日报出版社，2011

79［日］土居健郎．日本人的心理结构［M］．阎小妹译．北京：商务印书馆，2012

80 杨栋梁．近代以来日本的中国观［M］．南京：江苏人民出版社，2012

81［日］植手通有．德富苏峰集［M］．筑摩书房，1974

82 杨杰将军文集［M］

83 恩格斯．反杜林论［M］．北京：人民出版社，1970

84［日］竹越与三郎．支那论［M］

85［美］本尼迪克特．菊与刀［M］．吕万和，熊达云，王智新译．北京：商务印书馆，2005

86［日］杉本勋．日本科学史［M］．郑彭年译．北京：商务

印书馆，1999

87［日］川崎三郎．日清战史［M］

88［日］家永三郎．日本文化史［M］．刘绩生译．北京：商务印书馆，1992

89［日］增田涉．西学东渐与中国［M］．由其民，周启乾译．南京：江苏人民出版社，2010

90［日］陆奥宗光．蹇蹇录［M］．伊舍石译，谷长青校．北京：商务印书馆，1963

91［德］尼采．偶像的黄昏［M］．李超杰译．北京：商务印书馆，2013

92［俄］尼古拉·别尔嘉耶夫．俄罗斯的命运［M］．汪剑钊译．南京：译林出版社，2011

英文文献：

93 Isaiah Berlin. Vico and Herder：Two Studies in the History of Ideas. New York，1976

94 Jerry Dennerline. Qian Mu.

95 Livezey. Mahan on Seapower. Oklahoma，1980

96 Alfred Thayer Mahan. The Influence of Sea Power upon History 1660－1783. Bonston Little Brown and Company，1918

97 George G. Wilson. Henry Wheaton and International Law，in Henry Wheaton，Elements of international Law. Buffalo，N. Y.：William S. Hein and Co. Inc.，1995

98 Thomas L. Kennedy：The Arms of Kiangnan：Modernization in the Chinese Ordnance Industry 1860－1895（Boulder，Colo：Westview Press，1978